Polish Your Poise with Madame Chic

フランス人は10着しか服を持たない

ファイナル・レッスン

「凜とした魅力」がすべてを変える

ジェニファー・L・スコット　神崎朗子＝訳

大和書房

「凜とした魅力」がすべてを変える

Polish Your Poise
with Madame Chic

Lessons in Everyday Elegance

by

Jennifer L. Scott

Illustration
Annika Wester

Bookdesign
albireo

「凜とした魅力」がすべてを変える　目次

Part 1 「凜とした魅力」のパワー

Part 2 あなたの見た目は内面を表す

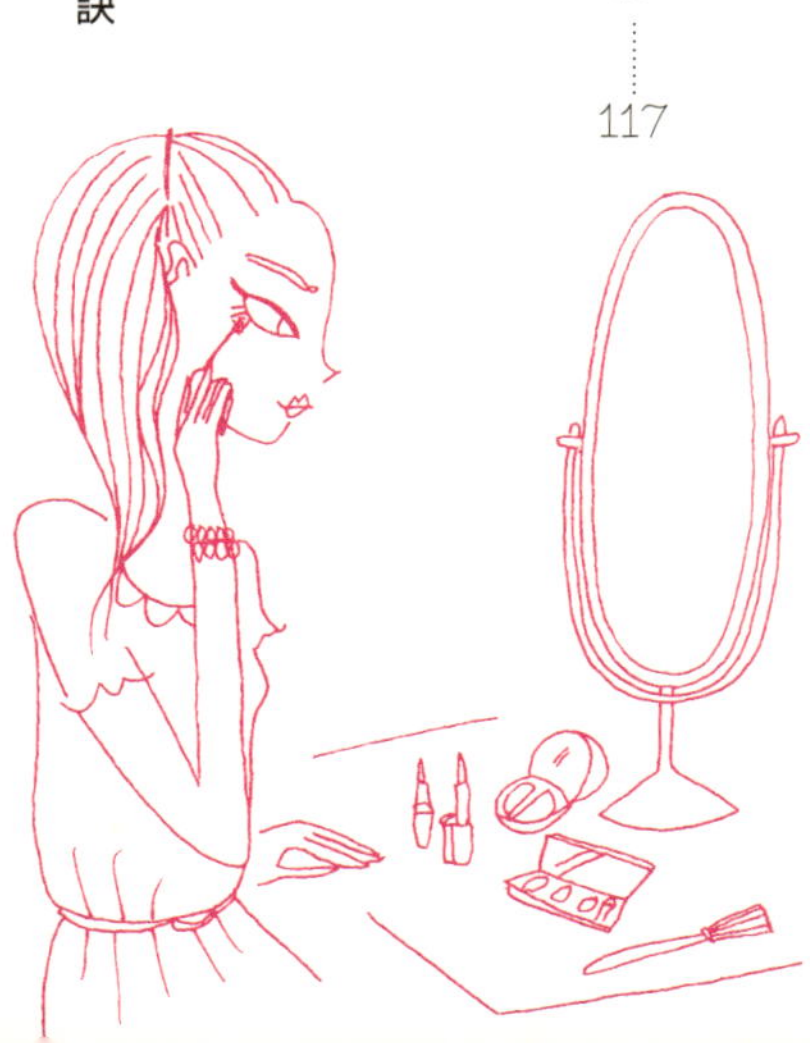

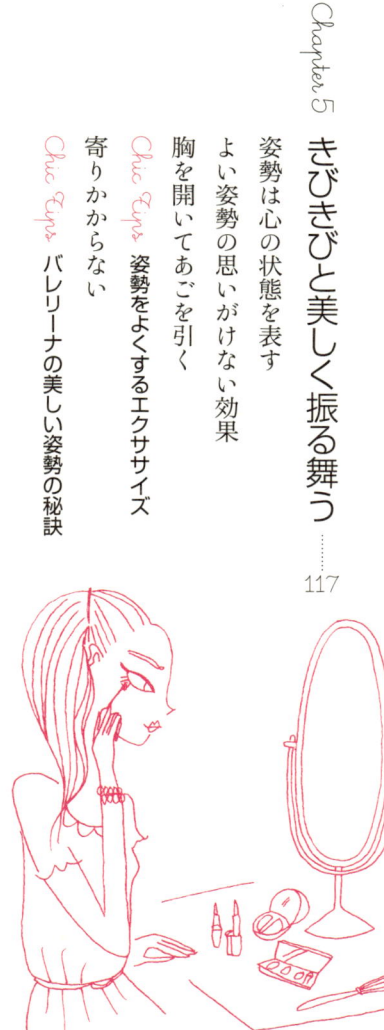

Part 3 「凜とした魅力」を磨きつづける

Part 1
「凛とした魅力」のパワー

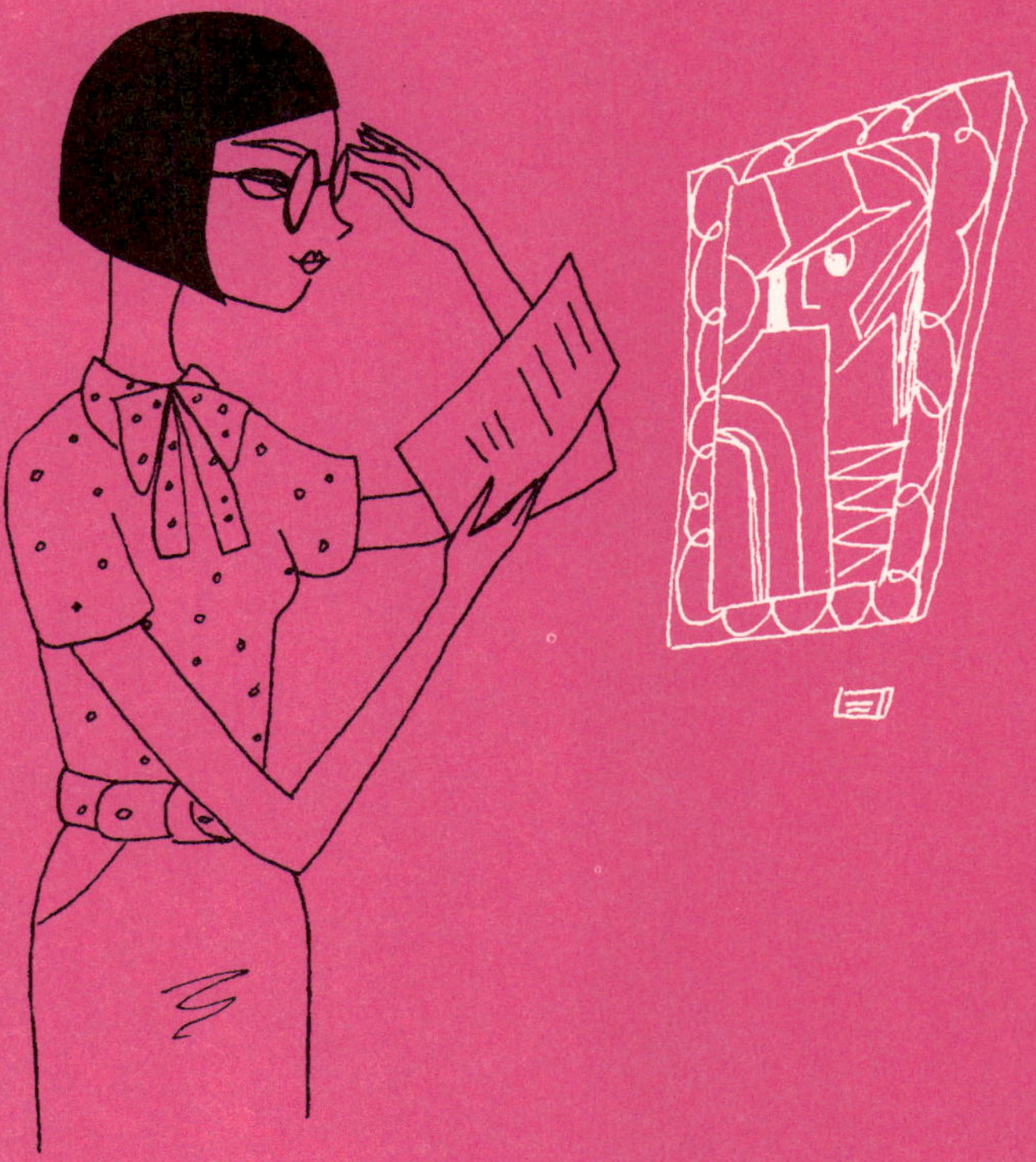

Chapter 1

マダム・シックの「凛とした魅力」

大学生のとき、留学先のパリでお世話になったホストマザーのマダム・シックは、いつもきちんとしてエレガントだった。それはマダムにとって、ごく当たり前のことだった。ガウンを着て朝早くからキッチンに立ち、朝食の用意をしているときも、マダムは心おだやかで満ち足りたようすだった。

家にいるときも、出かけるときも、マダムは毎日、美しく装っていた。よく似合う素敵な服に、年齢にふさわしいナチュラルなメイク。そして完璧な身だしなみ。いつも背筋がすっと伸びて、姿勢がきれいだった。

それだけではない。マダム・シックは言葉遣いの美しい聡明な女性で、大好きな料理の腕前はアートの域に達していた。テーブルセッティングから料理の盛り付けまで、毎晩の食卓はうっとりするほどエレガントだった。

マダムは誰に対しても感じよく振る舞い、エチケットやマナーを重んじていた。家族の全員がそれを見習っていることは、一目瞭然だった。

マダム・シックは誰もが見習いたくなるような、凛とした魅力のある女性だったのだ。

パリで暮らす以前のわたしは、凛とした魅力のことなど、とくに考えたこともなかった。当時のわたしは20歳。ショートパンツにビーチサンダルの典型的なカリフォルニアガールで、しょっちゅう間食をしていた。規律正しい生活なんて窮屈そうで、まったく興味がなかった。しきたりを守るなんて、堅苦しいことはまっぴら。エチケットやマナーなんて、いちいち覚えていられない！　そう思っていた。

ところがパリで暮らしてからは、考え方ががらっと変わった。マダム一家の情熱的で充実した生き方を目の当たりにして、毎日をエレガントに暮らすのは、とても素敵なことだと思うようになった。

マダム・シックのおかげで、自分に対する見方も変わった。わたしみたいなカジュアルなカリフォルニアガールでも、きっと気品のある女性になれる――自分らしいスタイルを持ち、美しい言葉遣いや立ち居振る舞いをとおして、自分らしさを表現できる女性に。

つまり、わたしも凛とした魅力のある女性になれる、と思えるようになったのだ。

凛とした魅力は、気品のあるエレガントな振る舞いに表れる。マダムの優雅な暮らしの基本は、まさにそんな振る舞いにあった。どんなときも気品とエレガンスを大切にしていたからこそ、マダム・シックは本物の凛とした魅力を身につけることができたのだ。

でもうれしいことに、「マダム・シック」はこの世にたったひとりしかいないわけではない。それどころか、世の中にはたくさんの「マダム・シック」がいる。あなたもきっと、そんな女性に出会ったことがあるはず。

おしゃれで静かな自信に満ちた、凛とした女性。上品で洗練された装いに身を包み、言葉遣いも美しく、毎日を特別な贈り物のように大切にしている女性。ミステリアスな雰囲気を漂わせ、内面を磨く努力を怠らず、積極的にアートに触れている女性。むやみに物を買ったりせず、すっきりとした素敵な家に住んでいる女性。特別な秘訣を知っているかのように、毎日をいきいきと過ごしている女性。

わたしたちは誰でもスタイルと品格を持って、エレガントに暮らすことができる。過去や育ち方は関係ない。どれだけお金を持っているかも関係ない。昨日、あるいはついさっき、情けない振る舞いをしてしまったとしても、あなたの友人たちが誰もエレガンスなどに興味がなくても、家族でさえあなたの気持ちを理解してくれなくても、そんなことはちっともかまわない。

大事なことはただひとつ、わたしたちには変化を起こす力がある――なりたい自分になれるということ。

Chic Tips 「凛とした魅力」の5つの特徴

1. 自信　ありのままの自分に満ち足りている。本当の意味で自信を持っている。
2. 心の落ち着き　つねに物事をポジティブにとらえ、冷静さを失わない。
3. 思いやり　他人の立場になって考え、思いやりのある行動を取る。
4. 美しい身だしなみと姿勢　その場にふさわしいおしゃれな装いと美しい姿勢。
5. 「いま、この瞬間」を大切に　凛とした魅力のある人は、「いま、この瞬間」を大切に、情熱的に生きる。

意識することの強力な効果

生まれつきの「マダム・シック」なんて、ひとりもいない。品格や気品、スタイル、エレガンスは、最初から備わっているものではなく、身につけるもの。だからこそ、心がけしだいで誰でも身につけることができる。

いまの自分に自信がなくても、いまの状況に希望を見出せなくても、大丈夫。あなたが凛とした魅力のある女性になれば、人生の質が高まるから。

エンターテインメントの世界では、凛とした魅力は昔から人びとを魅了してやまないテーマのひとつ。たとえば、ジョージ・バーナード・ショーの戯曲『ピグマリオン』や、それをミュージカルや映画化した『マイ・フェア・レディ』。映画『恋の手ほどき』『プリティ・ウーマン』『プリティ・プリンセス』『麗しのサブリナ』など、わたしたちは夢のようなシンデレラ・ストーリーが大好き。まるで毛虫から美しい蝶へと、ヒロインがあざやかな変身を遂げる姿を見て、胸をときめかせる。

なぜわたしたちはシンデレラ・ストーリーに夢中になってしまうのだろう？　それは、誰もが心の奥深くで、「自分もきっとあんなふうに素敵になれるはず」と信じているから——そのせいで、希望が湧いてくるからだ。

「あんなふうになれたらいいのに」

「ああ、それに引きかえわたしときたら……」

そんな弱気な言葉をつぶやいてはいけない。

それよりも、胸をときめかせてこう言おう。

「あのひとができるなら、わたしにもきっとできるはず」


考え方を意識的に変えることほど、強力な効果をもたらすものはない。

たとえば、「これからはもっと外見に気を配ろう」と決心すれば、とたんにやる気が湧いてくる。

スマホを見すぎだと思ったら、「しばらくスマホを見るのはやめよう」と意識する。

引っ込み思案な性格を克服したいと思ったら、「積極的になろう」と意識する。

買い物中にショーウィンドーに映った自分の姿を見て、猫背になっているのに気づいたら、「姿勢に気をつけよう」と意識する。

話し合いで意見がぶつかってイライラしても、「冷静でいよう」と意識する。

今度の仕事のプレゼンテーションのことを考えると、不安になってしまう自分に気づいたら、「自信を持って堂々とやろう」と意識する。

自分の言葉遣いの悪さに気づいたら、「言葉遣いに気をつけよう」と意識する。

そうすると——想像もしなかったような、素晴らしいことが起こるのだ。

ところが、なりたい自分になろうとしているあなたの邪魔をする声が、ふと頭のなかから聞こえてくる。

「いったい何様のつもり？」

「見せかけだけのインチキじゃない」

「詐欺師みたい」

「みんなに気取ってると思われる」

「友だちをなくすよ」

「うぬぼれ屋だと思われるに決まってる」

「こんなことしてたら、きっとみんなに嫌われる」

けれども、あなたならではの「マダム・シック」になろうと決心したら、そんなささやきに耳を傾けてはいけない。気品とエレガンス、シックで凛とした魅力を身につけた女性は、いやがおうでも人目を引く——凛とした魅力はとても強力だから。それは密《ひそ》やかで、目には見えないもの。内面からにじみ出る、神秘的なものだ。

凛とした魅力のある女性に出会うと、わたしたちは思わずはっとする。その人には何とも言えない魅力があり、堂々としていながら気さくな態度で、こちらまで打ち解けた気分にさせてくれる。

凜とした女性というのは、映画『ステップフォード・ワイフ』に出てくるような、美人で完璧で、つんと澄ました女性のことではない。

凜とした女性とは、自分自身の状態や周りの状況によく気づき、その場にふさわしい柔軟な気配りができる人のこと。

とはいえ、凜とした女性はけっしてあわてたり腹を立てたりしないとか、絶対にうかつな言動はしないと言っているわけではない。けれども、凜とした女性は自分のことをよくわかっている。自分の信念に従って、心の平安を大切にし、自分自身に高いレベルを求める。人生でどんなことが起きても、そういう態度で乗り切っていく。

人生を芸術のように生きる

本書では、「どうしたら凜とした魅力を手に入れられるか」ではなく、「どうしたら凜とした魅力を身につけ、磨くことができるか」について考えていく。なぜなら凜とした魅力は、一生をかけて磨いていくべきものだから。品物のようにお店で買って手に入れただけで満足し、それでおしまいというものではない。

「品格はお金では買えない」という言葉があるけれど、凛とした魅力も品格のひとつであり、付け焼き刃では身につかない。日々の鍛練が必要なのだ。

凛として生きることは、芸術のようなもの。アーティストが一生をかけて自分の技を磨き続けるように、わたしたちも凛とした魅力を磨き続けよう。

もちろん、凛とした態度を身につけたら、どんなことがあっても落ち着いて完璧に対処できる、と言っているわけではない。自分なりに努力して凛とした態度を身につけたと思っても、思いがけないことが起こって試されることがある。

たとえば運転中、後ろの車が乱暴に追い越してきた。かっとしたあなたは怒鳴り声をあげ、窓からこぶしを突き出してしまった……。

そんなときは、やってしまったことはもうしかたない。でも重要なのは、みっともないことをしたと自覚すること。そうすれば、つぎに同じようなことがあっても、対処のしかたが変わってくる。嫌なことが起きたときは、落ち着いて自分の振る舞いを見つめ直し、その経験から学んだことをつぎに生かそう。そういう態度が、あなたに凛とした魅力をもたらすのだ。

朝起きてから夜寝るまで、凛とした態度や振る舞いを心がけよう。くたびれて、ついだらしない姿勢で座りそうになっても、すっと背筋を伸ばす。夫にきついことを言いたくな

凜とした魅力のある人	凜とした魅力のない人
姿勢がよい	姿勢が悪い
はっきりと話す	ボソボソと話す
相手と視線を合わせる	視線が落ち着かない
服装がきちんとしている	服装がだらしない
身だしなみがよい	髪が汚い
感情をコントロールできる	すぐに人と言い争う
聞き上手	相手の話を聞かずによくしゃべる
生活に秩序がある	生活に秩序がない
親切で寛容	理屈っぽくて攻撃的
ミステリアスな雰囲気	私生活のできごとをフェイスブックで毎日シェア
ほめ言葉を素直に受け取る	ほめ言葉を否定したり受け流したりする
スマホをだらだら見ない	スマホ中毒
言葉遣いがきれい	言葉遣いが汚い
内面を磨いている	学ぶ姿勢がない
アートに触れる機会を作る	テレビでリアリティ番組を見ていれば満足
食事を味わっていただく	食事はさっさとすませる
どんなこともやる以上はきちんとやる	すぐに損得勘定で考える
物事がうまく行っているときは心から楽しむ	いいことが続くはずがないと思って不安になる
困難なときも信念を失わない	最悪の事態になると思い込む

っても、ぐっとこらえる。子どもに礼儀を教えるときは、毅然とした態度を取る。同僚が誰かの悪口を言っても同調しない。ランチタイムのうわさ話にも参加しない。ひとに都合よく利用されそうになったら、きっぱりと断る。誰かがほめてくれたら、素直に喜ぶ。

そうすることで、あなたは子どもたちや、家族や、コミュニティの人たちにとって、よいお手本《ロールモデル》になれる。あなたは社会の一員として大切な役割を担っており、あなたの凛とした態度や振る舞いが、周りによい影響を与えることを自覚しよう。

それでも、あなたは人生を楽しむことができる——とてもやりがいがあって、楽しいことだから！　凛とした態度や振る舞いを心がけていると、いきいきとしたパワーが生まれる。それこそが魅力的なのだ。

世の中を見渡してみて！

世間を見渡しても、凛とした魅力のある人はめったにいない。でも、それを当たり前だと思ってはいけないのかもしれない。昔とはちがって、人びとは凛とした態度や振る舞いを心がけなくなり、いつのまにかそれがふつうになってしまったのだ。

近所の人と道ですれちがっても、あいさつもしてくれない。買い物に行けば、客が店員に「すみません」のひと言もなく、ぶっきらぼうにものを尋ねる。そんなことでいいのだろうか？

街を歩けば、バス停で並びながら携帯電話に向かって口汚い言葉で怒鳴っている人や、だらしない服装で背中を丸めて歩いている人がいる。そういう人たちを見て、どう思うだろうか？

いまの人たちは、凛とした態度や振る舞いを忘れてしまっている。でもある意味では、しかたないことかもしれない。お手本となる人が身近にいなかったのかもしれないし、そもそも凛とした態度や振る舞いとはどんなものか、知らないのかもしれない。

わたしたちの社会もよいお手本を示していない。ロールモデルとなるべき有名人たちも、この点では見習うことができない。

昔はエンターテインメントの世界でも、人びとの振る舞いには高い基準が求められていた。ハリウッドの黄金時代〔1920年代〜1950年代〕には、Tバックの下着が透けて見えるようなドレスで授賞式に登壇するスターなど、ひとりもいなかった。

けれども、いまのスターたちは映画やテレビで下着姿をさらしたり、雑誌のグラビアに出たりする。人気の歌手やタレントたちは露出度の高い水着を着て、オイルを塗ったお尻を思いきりカメラに近づけ、ポーズを取って腰をくねらせる。

オードリー・ヘップバーンがそんなものを見たら、きっと目をむくにちがいない。ところが、わたしたちはすっかり慣れっこになっているのだから恐ろしい。

わたしたちでさえそうなのだから、いまの子どもたちはいったいどうなるのだろう？

昔なら眉をひそめたような下品なことが、いまではふつうのことになっている。

この本をかわいらしいマナー教本と勘ちがいする人は多いかもしれないけれど、あなたにはぜひ本書の内容を真剣に受けとめてほしい。本書の基本的なテーマは、社会の堕落を防ぐために役に立つものだから。

何て嘆かわしい世の中だろう、こんな時代に希望は持てない――と思ってしまっただろうか？　でも大丈夫、まだ希望はある。

凛とした態度は重宝する

凛とした態度や振る舞いは、めったに見られないからこそ重宝《ちょうほう》する。「重宝」という言葉の意味を辞書で調べると、「便利で役に立つこと」とある。

たしかに、凛とした態度や振る舞いは役に立つ。あなたも凛とした態度を少し心がけるだけで、さまざまな可能性が開けることに驚いてしまうはずだ。たとえば、周りの人が喜んで助けてくれる。仕事の面接でよい印象を与えることができる。理想的なタイプの恋人を惹きつけることができる。また、人に敬意をもって扱われるなど、いろんな場面で効果が表れる。

そんなふうに便利だからこそ、価値があるとも言えるだろう。望んでいた仕事に就いたり、念願がかなって昇進したりするのは、価値があること。素晴らしい人たちと知り合って仲よくなるのは貴重なことだし、助けてくれる人たちに恵まれるのも、ありがたいことだ。そういうすべてのことが、あなたの暮らしの質を高めてくれる。毎日の生活のなかで、凜とした態度や振る舞いを心がけていると、人生が豊かになっていく。

とはいえ、凜とした態度や振る舞いを心がけるのは、得をするためではない。

凜とした態度や振る舞いを心がけるのは、あなたが人生に望んでいる変化を起こしたいから。

自分の可能性を最大限に発揮するために、心の準備ができたから。

「どうせわたしなんて」とつまらなそうな顔をして、周りの人たちと深く関わろうともせず、不安に苛《さいな》まれて生きていくのは嫌だから。

凜とした態度や振る舞いを心がけるべきなのは、一度きりの人生で、あなたはいま、ついに花開こうとしているから。

あなたはこれから「いま、この瞬間」を大切に、人生を精一杯生きていく。

いまどんな体形でも、あなたらしいスタイルを表現できる服を着る。
素敵なヘアスタイルやナチュラルなメイクで、自分の本来の美しさを引きたてる。
あなたは背筋をすっと伸ばして、颯爽と街を歩いていく。
誰かに会ったら、相手の目を見つめて会話をする。
なにかもめごとが起きても、対立を恐れずにしっかりと対処する。
あなたはシックな気分になれる。
あなたは心の平安を味わう。
あなたは凛とした態度で生きていく。

そんなふうになれたらどんなに素敵だろう。でもわたしには無理……。そう思ってしまっただろうか？　それでも大丈夫。わたしも、まだ学生で初めてパリに行き、マダム・シックの家でホームステイを始めたばかりのころは、そう思っていた。
そんなとき、とても役に立ったことがある。それは、ロールモデルをじっくりと観察すること。映画や小説のヒロインでもいいし、実際の人物でもいいから、「あの人のようになりたい」と思う女性を探してみよう。

ロールモデルを見つける

いまの時代、理想的なロールモデルを見つけるのはなかなか難しい。昔ならとんでもないと思われたような行為が、情けないことに、いまではまったくふつうになってしまっている。

かつて、人びとは映画やテレビに登場するスターたちの姿を見て、その凜とした魅力や、内面から輝くようなエレガンスに刺激を受けた。たとえばグレース・ケリー、オードリー・ヘップバーン、ケーリー・グラント。そしてフレッド・アステア、ジンジャー・ロジャース、ローレンス・オリヴィエ、ヴィヴィアン・リーなど。こうした名女優や名俳優たちが映画のなかで演じた人物は、いずれも凜とした魅力を備えていた。彼らの凜とした態度や振る舞いは、時代を代表するものだった。

映画『ダイヤルMを廻せ！』でグレース・ケリーの演じるヒロイン、マーゴ・ウェンディスが無実の罪で裁判にかけられたときに示した、毅然とした態度。そして、『ティファニーで朝食を』でオードリー・ヘップバーンの演じるヒロイン、ホリー・ゴライトリーが不安を抱えながらも貫いた凜とした態度は、観る者に忘れがたい印象を残す。『断崖』でケーリー・グラントの演じる主人公、ジョニー・アイガースが資金難に対処する際の品格ある態度にも、感銘を受けずにはいられない。

こうしたクラシック映画の名作に登場する女優や俳優をあまり知らない人は、ぜひ1カ月に1~2本、どれでも好きな作品を鑑賞してみよう。きっとスターたちの気品あふれる物腰や、美しい着こなしや、困難を毅然と乗り越えようとする態度に魅了されてしまうだろう。彼らの態度や振る舞いは、もしかしたら古風に見えるかもしれないけれど、いまの時代でもじゅうぶん通用するはずだ。


クラシック映画のほかに、いまの社会やエンターテインメントの世界でも、ロールモデルを探すことはできる。きっとすぐに目に留まるはずだ——凛とした魅力のある人はまるで宝石のように輝いて、わたしたちを惹きつけるから。たとえば、イギリス王室のキャサリン妃。なぜ世界じゅうの人びとは、この未来のイギリス王妃に心を奪われてしまうのだろう?

それは、キャサリン妃が若くして、凛とした魅力を備えているから。公の場に現れるキャサリン妃は、いつも装いや身だしなみが美しく、マナーも素晴らしい。堂々として威厳に満ちていながら、行動的で、快活で、とても現代的な女性だ。

さきほど、いまのエンターテインメントの世界では、理想的なロールモデルを見つけるのは難しいと言ったけれど、まったく存在しないわけではない。ただし、いまの社会では

凛とした魅力のある現代の俳優たち

* アンディ・マクダウェル
* アンジェラ・ランズベリー
* オドレイ・トトゥ
* カトリーヌ・ドヌーヴ
* ヘレン・ミレン
* マギー・スミス
* デンゼル・ワシントン
* メリル・ストリープ
* ナタリー・ポートマン
* ピアース・ブロスナン

凛とした魅力のあるクラシック映画の名優たち

* オードリー・ヘップバーン
* ジョーン・フォンテイン
* ケーリー・グラント
* ヴィヴィアン・リー
* フレッド・アステア
* ジンジャー・ロジャース
* グレース・ケリー
* ジェームス・スチュアート
* キャサリン・ヘップバーン
* ローレンス・オリヴィエ

凛とした魅力のある 小説の主人公たち

＊ **ジェーン・エア**
シャーロット・ブロンテ著『ジェーン・エア』

＊ **マーチ家の四姉妹**
ルイーザ・メイ・オルコット著『若草物語』。次女のジョーはかっとしやすく毒舌だが、それを直そうと努力する。凛とした態度や振る舞いを身につけようと思ったら、このように誰でも自分で努力するしかない。

＊ **エルキュール・ポワロとジェーン・マープル**
アガサ・クリスティ著の推理小説シリーズの探偵

＊ **エリザベス・ベネット**
ジェーン・オースティン著『高慢と偏見』

＊ **『空騒ぎ』のベアトリス**（シェイクスピアの戯曲）

＊ **『お気に召すまま』のロザリンド**（シェイクスピアの戯曲）

＊ **『オセロ』のデズデモーナ**（シェイクスピアの戯曲）

＊ **プレシャス・ラモツエ**
アレグザンダー・マコール・スミス著の推理小説
『No.1レディーズ探偵社』シリーズの探偵

＊ **ナンシー・ドルー**
キャロリン・キーン著の探偵小説の少女探偵

＊ **ジェームズ・ボンド**
イアン・フレミング著のスパイ小説および映画「007シリーズ」

＊ **アリス**
ルイス・キャロル著『不思議の国のアリス』

＊ **シャーロット**
E・B・ホワイト著『シャーロットのおくりもの』。シャーロットは人間ではなく蜘蛛だけれど、品格の高い立派な女性だった。

あまり目立つ存在ではないから、よく注意して探す必要がある。そういう人たちは、メイクしたての魅惑的な唇や新しいタトゥーを自撮りして、インスタグラムで見せびらかしたりしない。

探すべきロールモデルは、自分の仕事にひたむきに打ち込み、腕を磨いている人たちだ。そういう人たちを見つけるのは、少し手間がかかるかもしれないけれど、探そうと思えば必ず見つかる。

ではロールモデルのなかでも、実在するふつうの人たちは？　そういう人たちはお金があり余っているわけではないから、スタイリストやヘアメイクアーティストを個人で雇ったりはしないし、写真を公表するまえにバッチリ修正を加えたりもしない。男女を問わず、日常生活で出会う人たちこそ、本物の尊敬に値する存在だ。

だからこそわたしは、マダム・シックからあれほどのインスピレーションを受けたのだ。マダムの凜とした態度や振る舞いは、演技ではなかった。それはマダムの人となりの表れであり、わたしもあんな女性になりたいと憧れた。そんな憧れの女性の姿を見て学ぶのは、とても素敵なこと。

でも、わたしには尊敬したくなるようなロールモデルなんていない。そう思った人もいるかもしれないけれど、よく考えてみればきっと見つかるはず。たとえば、あなたのお母さんや、伯母さんや、おばあさん。学校の先生や校長先生。以前習っていたダンスの先生や、吹奏楽部で指揮者を務めていた先生。お隣に住んでいる人や、地元のブティックの店員さんでもいい。

自分の周りをよく見て、凛とした魅力のある人を探してみよう。そういう人に出会うと、ダイヤモンドのように輝いて見えるはず――なぜなら、めったにいないから。

できれば勇気を出して、その人に「素敵ですね」と伝えよう。それが無理なら、よく観察するだけでもいい。その女性は、なぜそれほど魅力的なのだろう？　理由はひとつではなく、たくさんあるはずだ。話し方や行動のしかたから、装いや身だしなみ、立ち居振舞い、内面を磨く方法、娯楽や気分転換のしかたまで、その人はきっとさまざまな面において、賢い選択を行っているはずだから。

あなたの態度も見られている

世の中に、取るに足りない人などひとりもいない。まちがって生まれてきた人もいない。わたしたちはみな大切な存在で、誰もが世の中に貢献できる可能性を秘めている。

自分が影響をおよぼす範囲なんて小さいと思う人もいるかもしれないけれど、たとえ人里離れた場所に住んでいて、家族以外に会う人などほんの数人しかいないとしても、あなたが凜とした態度で振る舞えば、周りの人たちに大きな影響をもたらす。

YouTubeチャンネルの視聴者のなかには、わたしの動画を見てとても刺激を受け、毎日の暮らしに大きな影響を受けている、と言ってくれる人たちがいる。そして、これからもみんなのために素敵な動画を投稿してほしい、と励ましてくれる。

でもじつは、驚きのニュースがある――それは、あなたもいろいろな人たちに見られているということ。子どもたちはあなたを見ている。あなたの夫もあなたを見ている。同僚や近所の人たちも、あなたを見ている。ママ友たちや子どもの学校の先生たちも、あなたを見ている。道で会釈を交わす見知らぬ人も、あなたを見ている。地元のコーヒーショップのバリスタや、飛行機の客室乗務員たちも、あなたを見ている。

そんなふうに、あなたもたくさんの人たちに見られている。つまり、あなた自身が凜とした魅力と気品のあるロールモデルとして振る舞う機会や状況は、すでに整っているということ。

これまでも、家庭のなかではそういうことを意識してきたかもしれない。子どもは親であるあなたの行いや振る舞いを見習っているはずだから。でも、自分が見知らぬ人にまで影響を与えるなんて、考えたことはあっただろうか？

ではここで、ちょっと考えてみよう。あなたはこれまで、素敵な人を見かけてはっとしたことが何回くらいあっただろうか？

たとえば空港で見かけた、シックでエフォートレスな女性。自転車で通りを颯爽と走り抜けて行った、おしゃれな男性。病院の待合室で見かけた姿勢の美しい女性や、親切で丁寧な対応をしてくれた郵便局の局員さん。

そんなふうに、わたしたちは凛とした魅力のある人に出会うと、思わずはっとして魅了されてしまう。それと同じように、あなたの姿を見て、はっとする人たちもいるということなのだ。あなたが望んでも望まなくても、あなたが知っている人も知らない人も、あなたのことを見ている。

あなたは社会の一員として、「こうあってほしい」と望むような世の中をつくるために、みずからそれにふさわしい行動を取っているだろうか？　そういう視点を持つと、自分の生き方について、あらためて考えずにはいられなくなる——そして、どんな変化を起こしたいか、ということについても。

ひとりのときこそ変化を起こすチャンス

凜とした態度や振る舞いを身につけようと決心したとき、よくありがちなまちがいは、人前でしか気をつけないこと。最初のうちはうまくいっても、そんな付け焼き刃はすぐに剝《は》がれてしまうだろう。なぜなら、動機がまちがっているから。自分でもニセモノのような気がしてくるし、他人の目にもそう映るようになる。だからこそ、人が見ていないときの過ごし方のほうが重要なのだ。どういうことか、詳しく見ていこう。

自分ひとりで、誰にも見られていないときのあなたは、素のままの本当のあなた。だからひとりのときこそ、凜とした態度や振る舞いを心がければ、生活に変化を起こすことができる。

たとえばだらしない格好はやめて、きちんとしたパジャマを着る。コメディ番組をだらだら見ながら、ポテトチップスを一袋空けるのはやめる。そういう小さなことの積み重ねによって、人前での態度や振る舞い方も自然と変わっていく。

ひとりでお昼を食べるときも、携帯のメッセージをチェックしながら電子レンジで温めた料理をプラスチックの皿から食べるのはやめて、きちんとお皿に盛り付け、食卓で味わっていただく。外出の予定がなくても、髪をとかして素敵な服を着る。そうすることで、人前での振る舞いや身だしなみが自然と洗練されていく。

ひとりでいるときの振る舞いに気をつけることで、望ましい行動や振る舞いがしだいに身につき、新しい習慣となって、生活の一部として定着する。そうなると、もう以前のようには振る舞わなくなる。

他人に対して自分をよく見せるために、格好をつけるのはやめよう。誰も見ていないところでも生活態度を改める気がなければ、人前でだけ取り繕っても意味がないから。ひとりのときにどう振る舞い、どう生活するかが、あなたの生き方を左右するのだ。

凜とした魅力のパワーについて学んだあとは、さっそく生活のなかで実践してみよう。凜とした魅力のある女性を目指して、素敵な冒険に乗り出そう。

さあ、覚悟はできた？

Part 2

あなたの見た目は
内面を表す

Chapter 2
スタイルのもたらす力

ロサンゼルスから飛行機に乗ってパリに降り立ったその日、私はパリの街の美しさに衝撃を受けた。あんなに素晴らしい建築は見たことがなかった。建物だけでなく、噴水や橋や、街灯までもが美しかった。お店のショーウィンドーも、通りに面したカフェのテーブルも、街のすべてがおしゃれだった。それにもちろん、パリの人たちのおしゃれなこと！

明らかに、カジュアルな街ではなかった。男性も女性も着こなしがおしゃれだった。まるであつらえたように似合った服。華やかに結んだスカーフや美しい足元。市場《マルシェ》で働く人から、オフィスビルに入っていくビジネスマンまで、誰もが自分らしく素敵に装っていた。

起き抜けのようなだらしない格好の人なんて、ひとりもいなかった。アメリカからやってきて、ただ目を瞠《みは》るばかりだったわたしにも、パリの人たちはみな、おしゃれをとおして自分らしさを表現しているのがわかった。

おしゃれの洗礼はさらに続いた。ホストファミリーの家に到着し、初めてマダム・シックとムッシュー・シックに会ったのだ。

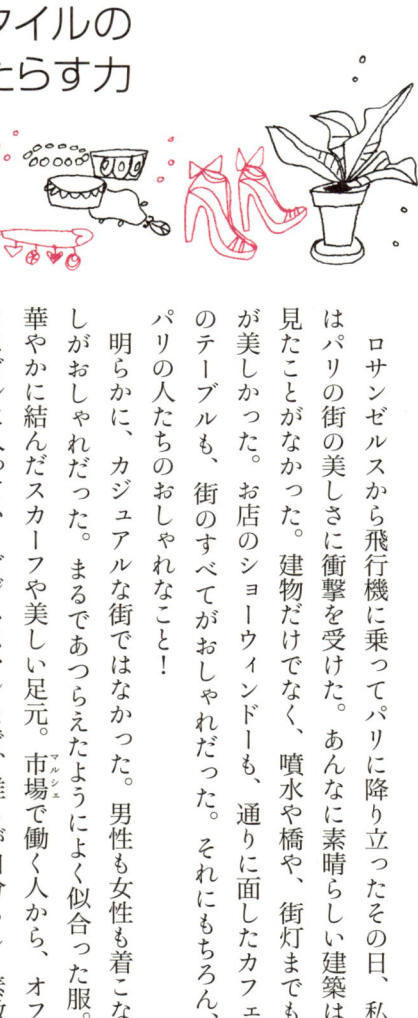

それは水曜日の午後だった。わたしたちはリビングで紅茶をいただきながら、お互いに自己紹介をした。ふと気がつけば、マダム・シックもムッシュー・シックも、あらたまった服装をしていた。マダムはシルクのブラウスにAラインのスカート。パールのネックレスをつけ、パンプスを履いている。ムッシューはボタンダウンシャツとセーターにドレスパンツ。そして、ぴかぴかに磨き上げた靴。「わたしを迎えるために、わざわざおしゃれをしてくれたなんて。何てやさしいんだろう！」とびっくりした。

あらたまったおしゃれも、おもてなしも、すべてわたしのため——そんなうぬぼれた勘ちがいは、翌日すぐに吹っ飛んだ。ふたりとも、いつもきちんとした装いをしていることがわかったのだ。ムッシューもマダムもパリジャンらしく、毎日、シックな装いを楽しんでいた。ふたりの凜とした魅力は、まず服装と身だしなみから始まっていた。

外見は凜とした魅力の第一歩

わたしたちも、凜とした魅力を身につけるための第一歩として、スタイルと美容に注目しよう。まず外見が素敵になれば、やる気がぐんと高まるから！

美容室で髪をきれいに整えたり、新しい口紅をつけたりした日は、自然と足取りも軽くなってしまうはず。久しぶりにドレスを着て出かけたら、思いがけず誰かにほめられたり、スキンケアの効果が表れてお肌の調子がよくなったりすると、何だかとてもうれしくなる。そうすると、衣食住のほかの部分にもこだわって、素敵に暮らしたくなってくる。

あなたの外見は、じつはあなたの内面をそのまま映し出している。たとえばこの3年間、いつもジャージのパンツに、だぼだぼの地味なTシャツを着ていたとしたら、あなたの長所やあなたならではの美しさを引き出そうとしてこなかったしるし。それどころか、世の中の人たちにこう言っているのと同じだ——わたしのことなんか見ないで。このとおり、つまらない人間なんだから。

ただし、凛とした魅力をもたらすのは、ドレスや口紅ではない。凛とした魅力は、いつも身ぎれいに、自分らしいおしゃれをしよう、という心がけから生まれるもの。そして、凛とした態度や振る舞いを心がけながら、自分らしいスタイルのある暮らしを送るとき、美しさが生まれる。

どんなにおしゃれな服や最新のメイク用品を持っていても、美容室でお金をかけて念入りなヘアカラーをしても、そういうこととは関係ない。美しさは、あなたの内面からにじみ出る自信と、あなたならではの美しさに目覚めた喜びから生まれるのだ。

たとえば、華やかな美しいドレスを着た女性を見かけたとき。「わたしもあんなドレスを着てみたい！」と思っても、つぎの瞬間、「でもわたしには、絶対に着こなせない」と思い込んでしまう。

こんなに太ってたらムリ。それに恥ずかしいし――あんなドレスを着たら、みんなに注目されちゃう。いままであんなドレスなんて着たこともないのに、いったいどうしちゃったの？　いまさら遅すぎるよ。

心のなかで自分に向かってどんなことを言っているか、注意してみよう。もし仲のいい友だちが、そんなふうに引っ込み思案になっていたらどんなことを言ってあげるだろう？いままでとはちがう服を着たい、新しいヘアスタイルを試したい、あの色の口紅をつけてみたい。そう思ったら、思い切って試してみよう！　最初は少し照れくさいかもしれないけれど、そんな自意識を克服してこそ、本当の美しさが花開くのだ。

こういうことが楽しいのは、わたしたちはみな一人ひとり、ちがっているから。好みのスタイルも人によってさまざまだ。髪形の好みも人によってちがう。好きなメイクや嫌いなメイクも、人によって異なる。

着こなしの方法や、自分を魅力的に見せる方法は、いろいろある。自由気ままなボヘミアン風スタイルが好きな人もいれば、エキセントリックで気まぐれなスタイルが好きな人、エレガントでクラシックなおしゃれが好きな人もいる。レディのようなヴィンテージ風のドレスが好きな人もいれば、ブラウスにパンツを合わせるのが好きな人もいる。

凛とした魅力を身につけようと努力していくうちに、あなたも自分らしいおしゃれのスタイルがよくわかってくるはず。

美しくなるのを先延ばししない

自分の外見についてなにかネガティブな感情を抱いているとしても、ちゃんと向き合って対処する必要がある。目をつぶったり、気にしないようにしたりするのではなく、正面から向き合おう——思い切って一歩を踏み出し、あなたならではの美しさを大切にするために。

さきほども述べたとおり、多くの女性がこんな言葉を口にする。

「わたしもちゃんとやせたら、おしゃれを楽しむつもり」

何年もそう言い続けながら、いつの日か理想体重になって、おしゃれを楽しみたいと願っている。

念願通りにやせられたら、もちろん素晴らしい！　でもひとつ言っておきたいのは、もしやせられなかったとしても、あなたが大切な存在であることには何の変わりもないということ。体重はただの数字であり、それによってあなたの価値が左右されるわけではない。だから体重のせいで、素敵な服を着ておしゃれを楽しむのをあきらめたりしてはいけないのだ。

それに、わたしはこう考えている。毎日おしゃれをするようになると、やせたいという意欲がどんどん高まって、やせやすくなるはず。「どうせ無理」という負け犬根性が消えて、ポジティブに減量に取り組めるようなるから。

いま減量中で、どのサイズの服を買うべきか迷ってしまう人は、服はサイズ直しができることを覚えておこう。やせたせいで、お気にいりのワンピースのサイズが合わなくなったら、腕のよい仕立て屋さんにお直しを頼めば、また着られるようになる。むしろお直しをしたほうが、あなたの体にきちんとフィットするから、以前よりさらに似合うだろう。

「女としての自分」を取り戻す

『フランス人は10着しか服を持たない』シリーズのたくさんの読者から、こんな感想をいただいた。

「わたしはこれまでいつも男性的な服を着ていましたが、ジェニファーさんの本を読んだおかげで、素直な気持ちで女らしさを大切にできるようになりました。とてもうれしいです！」

女らしさを大切にすることに慣れていない人や、女らしさのお手本となる人が身近にいなかった人には、最初はちょっとハードルが高いかもしれない。女らしさを心がけるようになると、たちまち周りの注目を集めてしまうから。

「あら、素敵ね！」

「どこかへお出かけ？」

「きょうはずいぶんおしゃれなのね！」

そんなふうに言われると、「ちょっとおしゃれしすぎたかな？」と心配になったり、自意識過剰になったりして、ほめられてもあまりうれしくないかもしれない。わたしも必要以上に注目されるのは苦手なので、その気持ちはよくわかる。

でもそんなときは、どんなほめ言葉も愛想よく受け取ろう。どこへ行くのか訊かれたら、ふつうに答える。それでももし「えー？　子どもの学校のお迎えに、そんなにおしゃれして行くの？」と言われたら、にこやかに「そうなの」と答えて行ってしまおう。

あなたを見ている人たちがいることを思い出して。きっと、いつもおしゃれなあなたの姿に刺激を受け、「わたしもあんなおしゃれがしたい」と思う人がいるはず。その人たちにとって、あなたはロールモデルなのだ。

他人にどう思われるかを気にしすぎて、自分が本当にやりたいことや、やるべきことをあきらめてはいけない。生活に大きな変化を起こそうと決心すると、周囲に波風が立って、もしかしたら大変なこともあるかもしれない。

でも、こうと決めたらやり遂げよう。あなたならきっとできるから。そして、そんなあなたの姿は、周りに大きな影響をもたらすことになる。

トレーニングウェアの罠《わな》

きれいな女性が（すべての女性は美しい！）まるで定番みたいに、毎日ダサいトレーニングウェアを着ているのを見ると、悲しくなってしまう。そんな格好をしていたら、誰だって素敵に見えるわけがないのに。

もちろん実際に運動をするときは、トレーニングウェアを着るのが当たり前だし、ジムに行った帰りに用事をすませたり、あるいはジムに行くまえに子どもを学校に送ったりすることもあるだろう。わたし自身、何度かそういうことがあったから、ときにはトレーニングウェアを着て、ジム以外の場所に行く場合もあることは理解できる。

けれども、毎日トレーニングウェアを着ている人たちも多い。もしあなたもそうだとしたら、どうして1日じゅうトレーニングウェアで過ごしているのか、この機会に考えてみよう。ラクだから？　服のコーディネートを考える必要がないから？　それとも、これまでずっとそうだったから、変化を起こすのが怖い？　あるいは、たんに便利だから？

お店に行けば、シックなトレーニングウェアも売っている。わたしが住んでいるサンタモニカのモンタナアベニューのお店では、素敵なウェアがたくさん見つかる。でも、どんなにシックで素敵だろうと、やはりトレーニングウェアはTPOをわきまえて着るべきだ。

部屋着は持たない

部屋着というと聞こえがいいけれど、じつは家のなかだけで着るくたびれた服のこと。わたしは、部屋着はよくないと思っている。外で着る服と家で着る服を区別すべきでないと思っているから。仕事や用事などで人目にふれるときだけでなく、家のなかでもきちんとした装いを心がけたほうがいい。

でも残念ながら、外ではきちんとした服装をしていても、家に帰ったらすぐに、スウェットパンツや、人前では着られない古着に着替えてしまう人が多い。

マダム・シックには部屋着がなかった。朝、きちんとした服に着替えたら、そのまま1

日を過ごすのだ。マダムのふだんの服装は、Aラインのスカートにセーターかブラウス。ストッキングを履いて、靴はフラットかローヒールのパンプス。そしていつもパールのアクセサリーを身につけていた。外出するときは、カーディガンやコートを着て、スカーフや手袋をする。

用事をすませて帰宅しても、着替えることはなかった。マダムにかぎって、スウェットパンツで家のなかを歩き回るなんてことは、ありえなかった（というか、そもそもスウェットは持っていなかった！）。早い時間にパジャマに着替えるようなこともなかった。

わたしはよくこう訊かれる。

「ジェニファーさんは、いつもとても素敵な服を着ていらっしゃるけれど、家に帰ったらどんな格好をしているんですか？」

わたしが家で着ているのは、ブログでシーズンごとに公開している「10着のワードローブ」の服。家で過ごすときもワンピースを着て、ストッキングを履いているし、黒いパンツにブラウスを合わせて、素敵なネックレスをつけることもある。朝、着替えた服装のまま、毎晩キッチンに立って料理をしている。エプロンを着ければ大丈夫だから。掃除をするときもエプロンを着ければ、わざわざ着替える必要はない。

唯一、着替える機会があるとすれば、それはガーデニングのとき。でも、わざわざ着替えないことも多い。おしゃれな服を着たまま、エプロンと手袋をつけて庭に出ることもしょっちゅうだ。

家のなかでもきちんとした装いを勧めるのには、理由がある。凜とした態度や振る舞いを心がけるのは、他人に対して自分を格好よく見せるためではなく、生活のすべてに変化を起こすためだから。外にいるときだけでなく、私生活でも素敵な自分でいたいから。

家のなかでも素敵な服を着たほうが、スウェットパンツにだぼだぼのTシャツ姿でいるよりずっと気分がいいし、立ち居振る舞いも自然と変わってくる。ひとり暮らしで誰とも会う予定がなくても、そんなことは関係ない。これは自尊心の問題なのだ。

家のなかでもきちんとした装いでいることは、子どもがいる場合はとくに重要。なぜなら、子どもたちの思い出に残るのは、家にいるときのママだから。将来、あなたの子どもたちが思い出すのは、いつもヨガパンツを履いていたママ——なんてことにならないように！　だからやっぱり、家にいるときもおしゃれをしよう。

帰宅後、どうしても着替えたい場合

もうひとつよく訊かれることがある。

「でも、いい服にシミをつけてしまったら困るでしょう？」

上質で素敵な服をダメにしてしまうのは、誰だって嫌なはず。でもわたしの経験から言って、家でいい服を着ていたせいでダメにしてしまう可能性は、ほとんどない。うちには小さな娘がふたりいて、お絵かきや砂遊びが大好き。いつもおおいに散らかしてくれるけれど、5年以上子育てをやってきて、ダメになった服はたったの1着だけ。Tシャツにマニキュアがついてしまったのだ。

子ども用のマニキュアを塗ってあげたら、大喜びした娘にハグされて、Tシャツがマニキュアでべとべとに――これにはもうびっくり！　でもあんなに幸せなハグのためなら、1000枚のTシャツと交換したってかまわないと思ってしまう。それに、マニキュアはともかく、ふつうのシミならたいていは落とすことができる。

けれども、なかには家に帰ったらどうしても着替えたい人もいるだろう。その気持ちもわかる。たとえば、仕事でいつもスーツを着ている人は、家に帰ったら着替えて、気分を切り替えたいだろう。そういう場合は、家でもおしゃれに見える服を持っていると便利。チュニックセーターにレギンスを合わせて、バレエシューズを履くなど、工夫してみよう。

古くなってくたびれた服や、シミだらけの服、サイズが合わない服は、ひとつ残らず処分すること。傷んだ部分やほころびがあって、もう直せないと思ったら、思い切って捨てよう。

わたしがマダム・シックから学んだことのひとつは、自分が持っているいちばんよいものをふだん使いにすること。どんな予定の日も、きちんと身じたくを整えておしゃれをすれば、すがすがしい気分になる。あなたもぜひ、家でもおしゃれを楽しんでみよう。外から帰ってきて着替えたくなっても、ぐっと我慢して。きっとすぐに慣れて、いつでもきちんとした装いをするのが当たり前になるから。

自分らしいスタイルを持つ

あなたが本当に自分らしいと思うのは、どんなスタイル？　いま持っている服にも、あなたらしいスタイルが反映されているだろうか？

「自分らしいスタイルがわからない」という人が意外に多くて、驚いてしまう。何の制約もなかったら、どんな服を着たいか――考えてみればわかるはず。それでもまだ、自分がどんな服を着たいかわからない人は、きっとトレンドやセレブや芸能人や、友だちや仲間の影響を受けて、自分らしいおしゃれを見きわめるセンスが鈍くなっているのだ。そういう外部の影響は、一度さっぱりと忘れてしまおう。あなたが本当に着たい服を着られるとしたら、どんな服を選ぶだろう？

もしいまの服装は本当の自分らしくないと感じているなら、周りの影響のせいかな、と考えてみよう。たとえば、あなたの年ごろの女の子たちは、みんなショートパンツにクロップトップ〔丈が短くお腹が見えるTシャツ〕を着ているけれど、あなたはもっと洗練されたスタイルが好き。だったら、みんなと同じことをするのはやめて、憧れていたおしゃれに挑戦しよう——きれいな花柄のワンピースにふんわりしたカーディガンを羽織って、サンダルを履いて。

たしかに目立つだろうけれど、凛とした魅力を身につけたら自然と目立つようになる。せっかくなら、おしゃれに目立ったほうがいい。

マダム・シックは、流行にはまったく興味がなかった。マダムのスタイルはクラシックで、控えめで、伝統的。定番のアイテムは、Aラインのスカートに、上質なセーターかシルクのブラウス。ローヒールのパンプスに、クラシックなアクセサリー。いつもお気に入りの装いに身を包んだマダムは、とても満ち足りたようすだった。マダムのように、自分らしいスタイルを大切にしている人には、満ち足りた雰囲気が漂っている。そういう人と一緒にいるだけで、周りの人もゆったりとした気分になれる。

あなたもふだんから「10着のワードローブ」を実践すれば、自分らしいスタイルが以前よりもはっきりとわかってくるはず。新しい服を買い足すときは、慎重によく考えよう。自分らしいスタイルに合わない服は、絶対に買わない。そう固く決心すれば、セールのときも衝動買いを我慢することができる。

あなたらしいスタイルではなく、「10着のワードローブ」と組み合わせが利かない服は、クローゼットに収まるべきではない。本当によいものを買うために、ムダ遣いしないように我慢しよう。その甲斐あって、手持ちのワードローブによくなじむ完璧なワンピースを見つけたら、どんなにうれしいことか！　あせらずにちゃんと探してよかった、と思うにちがいない。

自分らしい
スタイルを知ろう

自分らしいスタイルがわからなくて困っている人は、
「わたしが楽しいと思うことは何だろう?」と考えてみよう。
そうすると、自分らしさを表現できるのは
どんなスタイルか、よくわかってくる。
つぎのクイズに挑戦して、各問の選択肢のうち、
自分が選んだものの番号をメモしておこう。
最後に自分が当てはまるタイプを調べてみて。

観るたびに感動してしまう映画は?

- □ 1 『アメリ』
- □ 2 『ティファニーで朝食を』
- □ 3 『きみに読む物語』
- □ 4 『スタンド・バイ・ミー』
- □ 5 『あの頃ペニー・レインと』
- □ 6 『いまを生きる』
- □ 7 『クルーレス』

あなたの好きな花は?

- □ 1 チューリップ
- □ 2 蘭《らん》
- □ 3 イングリッシュ・ローズ
- □ 4 ガーベラ
- □ 5 野の花
- □ 6 あじさい
- □ 7 ストレリチア(極楽鳥花)

あなたが憧れる女優は?

- □ 1. マリオン・コティヤール
- □ 2. アンジェリーナ・ジョリー
- □ 3. キーラ・ナイトレイ
- □ 4. キャサリン・ヘップバーン
- □ 5. ケイト・ハドソン
- □ 6. リース・ウィザースプーン
- □ 7. サラ・ジェシカ・パーカー

あなたがインスピレーションを受けるファッションリーダーは?

- □ 1. イネス・ド・ラ・フレサンジュ
- □ 2. ジャクリーン・ケネディ・オナシス
- □ 3. グレース・ケリー
- □ 4. ダイアン・キートン
- □ 5. ドリュー・バリモア
- □ 6. グウィネス・パルトロウ
- □ 7. ニコール・リッチー

あなたが着るファッションブランドをひとつだけ選ぶとしたら?

- □ 1. シャネル
- □ 2. ダイアン・フォン・ファステンバーグ
- □ 3. ヴェラ・ウォン
- □ 4. ヴィンス
- □ 5. フリーピープル
- □ 6. ラルフローレン
- □ 7. アレキサンダー・マックイーン

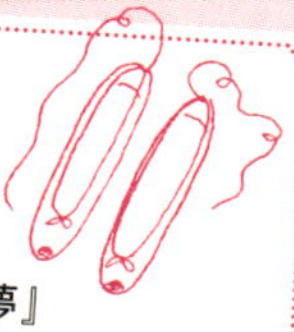

あなたの好きな舞台やミュージカルは?

- □ 1. 『ジジ』
- □ 2. 『シカゴ』
- □ 3. 『ロミオとジュリエット』
- □ 4. 『ウェストサイド物語』
- □ 5. 『真夏の夜の夢』
- □ 6. 『裸足で散歩』
- □ 7. 『ゴドーを待ちながら』

あなたが好きな本は?

- □ 1.『移動祝祭日』アーネスト・ヘミングウェイ著
- □ 2.『グレート・ギャツビー』スコット・フィッツジェラルド著
- □ 3.『ジェーン・エア』シャーロット・ブロンテ著
- □ 4.『ハックルベリー・フィンの冒険』マーク・トウェイン著
- □ 5.『オン・ザ・ロード』ジャック・ケルアック著
- □ 6.『ライ麦畑でつかまえて』J・D・サリンジャー著
- □ 7.『レベッカのお買いもの日記』ソフィー・キンセラ著

胸がときめく主演男優は?

- □ 1.『ミッドナイト・イン・パリ』のオーウェン・ウィルソン
- □ 2. すべての作品のケーリー・グラント
- □ 3.『高慢と偏見』のミスター・ダーシー役のコリン・ファース
- □ 4.『インディ・ジョーンズ』のハリソン・フォード
- □ 5.『パイレーツ・オブ・カリビアン』のジョニー・デップ
- □ 6.『グッド・ウィル・ハンティング』のマット・デイモン
- □ 7.『プリティ・ウーマン』のリチャード・ギア

もしタイムトラベルで好きな時代に行けたら、どの時代のどの場所に行ってみたい?

- □ 1. 現在のパリ!
- □ 2. 黄金時代のハリウッド
- □ 3. ジェーン・オースティンの時代のイングランド(18世紀末から19世紀初め)
- □ 4. 西部開拓時代のアメリカ
- □ 5. 1969年のウッドストック(ロックフェスティバルで有名)
- □ 6. 1985年あたりのハンプトンズ(ニューヨーク郊外の高級避暑地)
- □ 7. ニューヨークのアンディ・ウォーホルのファクトリー(スタジオ)

あなたらしいスタイルはこれ！

いちばん多く
チェックした選択肢は
何番だった？
クローゼットの
参考にしてみて。

2が多かった人

Sophisticated Glamour

洗練された魅力

あなたは洗練されたスタイルを重視している。大胆なアクセサリーやカクテルドレスが大好き。カジュアルな装いのときは、高級なアクセサリーでシックに見せる。いつも身だしなみが美しいあなたのスタイルは、時代を超えて洗練された魅力がある。

3が多かった人

Romantic Feminine

ロマンティック・フェミニン

あなたはフェミニンなドレスを着ているときが、いちばん自分らしい素敵な気分になれる。好きな素材はシルクやカシミヤ。花模様のプリントや伝統的でヴィンテージな雰囲気のおしゃれが大好き。上品な趣味のあなたは、スカートの丈や首回りもレディのように気品のあるスタイルを好みながらも、魅力的に見せる術もわきまえている。

1が多かった人

Parisian Chic

シックなパリジェンヌ

あなたはファッションが大好きで、さまざまなファッションを積極的に試してみる。体のラインにぴったりの美しいドレスを着ているときも、ジーンズにコンバースのスニーカーを履いて、シャネルのジャケットを着ているときも、同じくらい自分らしい、素敵な気分を味わえる。自分らしいスタイルに心から満足しており、流行に左右されない。

6が多かった人

Preppy
プレッピー

あなたがどんな服装よりも自分らしい気分になれるのは、ぱりっとしたポロシャツに形のいいジーンズ、上等なスエードのローファーのコーディネート。夜のお出かけに着る服は、シンプルでもエレガントなもの。フレッシュでナチュラルなメイクに、控えめなアクセサリー、そしてシンプルなヘアスタイルが、あなたの自然な美しさを輝かせる。

4が多かった人

Low-Maintenance Chic
エフォートレス・シック

おてんばな少女のように活発なあなたは、ふだんはワンピースやスカートよりも、パンツやショートパンツが好き。よけいな飾りのないシンプルな服があなたの好み。運動やアウトドアが好きで、1日じゅう活動的に過ごすことも多く、服装にもそんなライフスタイルが反映されている。夜、出かけるときは、かっこいい黒のパンツにゴージャスなシルクのタンクトップを着たり、シンプルでインパクトのあるドレスを着たりする。ときには真っ赤な口紅をすることも。

7が多かった人

Fashion Forward
流行を先取り

あなたは流行を追ったりせず、あなたが流行をつくる。アバンギャルドなファッションが大好きで大胆なあなたは、カメレオンのように変幻自在。ヘアスタイルからマニキュアまで新しいことにどんどん挑戦する。ファッションでは、ステートメント・ショルダー（デコルテを覆う華やかなアクセサリー）や、ステートメント・ジュエリー（大振りのアクセサリー）、最新デザインのハイヒールにもっともわくわくする。

5が多かった人

Bohemian
ボヘミアン

あなたは自由な精神の持ち主で、ファッションにもそれが表れている。アーティストっぽいあなたは、マキシスカートや、カウボーイブーツ、エキゾチックな感じのアクセサリーや、フリンジヘアが好き。カーリーヘアでも、ストレートのロングでも、生まれつきの自分の髪を大切にしている。

Chapter 3

いつも「自分らしい」服を着る

服装は、凛とした態度や振る舞いにどのように関わっているのだろうか？　服装が重要なのはなぜだろう？

毎朝、わたしたちはクローゼットの前に立って、どんな服を着ようかと考える。べつにたいしたことではないと思うかもしれない——毎日の生活で決めるべきことは、ほかにも山ほどある。けれども、どんな服装をするかは、わたしたちが思っている以上に重要なことなのだ。自分によく似合う素敵な服を着ていると、いきいきとがんばれるから。

だから毎朝、面倒だなんて思わずに、楽しい気分でクローゼットの前に立とう。「きょうはなにを着ようかな」とわくわくしながら服を選ぼう。そうすれば自然と、ふだんからいい服をどんどん着たくなる。

凛とした魅力のある人は、いつも時と場にふさわしい素敵な装いを心がけている。自分らしいスタイルのある着こなしは、世の中に対して「これがわたしよ」と表現する手段であることを知り尽くしているのだ。

凛とした魅力と10着のワードローブ

「10着のワードローブ」は、たぶんわたしが本やブログでもっともよく取り上げるテーマ。多くの女性たちが「10着のワードローブ」に興味を引かれるのは、あまりにも服をたくさん持ちすぎていて、どうやったら少ない服で暮らせるのか想像もつかないからだ。

けれども、女性たちが大量のワードローブ（何百着も持っている人も多い）を持つようになったのは、じつは比較的最近のことなのだ。祖母や曾祖母の時代には、もっと少ない服で暮らしていた（しかも、とてもおしゃれに）。

クローゼットがぎゅうぎゅうだと、凛とした魅力を身につけるうえで問題になるのだろうか？

要らない服がたくさん詰まったクローゼットは、持ち主について多くのことを物語っている。その人は、頭のなかも同じようにぐちゃぐちゃで混乱している。自制心に欠け、すぐに新しいものが欲しくなってしまう。そして、面倒くさがり屋（クローゼットを整理して要らない服は寄付すればいいのに、やらない）。

耳の痛い話かもしれないが、ぎゅうぎゅうのクローゼットには要らない服だけでなく、未解決の問題がたくさん詰まっているはずだ。

内面を磨き、凛とした魅力を身につけるために、まずクローゼットの整理から着手するのは、とてもいいアイデアだ。まだ試したことがなければ、あなたもぜひ一度「10着のワードローブ」に挑戦してみてほしい。大量のワードローブを季節ごとに10着に絞り込んでいく過程で、きっと多くのことに気づくだろう。もしかしたら、思いがけない問題が見つかるかもしれない——いろんなスタイルの服がごちゃまぜで統一感がなかったり、浪費癖や自尊心の低さに気づいたり。

「10着のワードローブ」については、『フランス人は10着しか服を持たない』『フランス人は10着しか服を持たない2』でも紹介しているけれど、ここであらためて基本のコンセプトを見直してみよう。

要らない服はすべて処分する

服がたくさんありすぎると、毎朝着る服を選ぶときも迷ってしまって、なかなか決められない。この際、要らない服はすべてきちんと処分しよう。

まず、持っているすべての服をチェックして、要るか要らないかを判断する。要らないものは、直観的にすぐにわかるはず。けれども判断基準が必要なら、「この1年、1回も着なかった服はすべて捨てる」というルールに従ってやってみよう。

「たしかに着てなかったけど、わたしらしい服だし……」「またいつか着ることがあるかも」なんて、優柔不断な心のつぶやきが聞こえても、きっぱりと無視すること。本当はもう二度と着ないことは、あなたにもわかっているはず。

ここは思い切ってやろう。要らない服は寄付するなどして、処分する。あなたの要らない服が、誰かの役に立つかもしれない。この1年1回も着なかった服、サイズが合わない服、あなたらしくない服をすべて片付けたら、選び抜いた服を整理しよう。季節外の服はどこかべつの場所に保管する。たとえば真夏なのに、クローゼットに冬用の厚地のパーカーが入っていても、着るはずがないから。

それ、もうくたびれてない？

くたびれた服や小物をなかなか処分できない人でも、この話を読めばきっとやる気になるはず。

ある日曜日の朝、教会の礼拝に遅刻しそうになって、わたしはあせっていた。まだ着替えていないのに、出かけるまであと10分しかない。外は寒く、雨が降っていたので、ワンピースに厚地のタイツ、レインブーツにしようと決めた。

ストッキングやタイツは、下着類の引き出しにまとめて入っている。厚地のタイツを探したけれど、気に入っているいいタイツはふたつとも前の晩に洗濯して、まだ乾いていないことに気づいた。でもたしか、厚地のがもうひとつあったはず。そう思って探しても、見つからない。引き出しを必死にかき回しても、どれも同じように見える。

でもとうとう、探していたタイツが見つかった。わたしは大急ぎでタイツを履き、夫と娘たちと一緒に家を飛び出した。

教会へ歩いていくとちゅう、わたしは恐ろしいことに気づいた――タイツのウエストのゴムが伸びていて、ずるずると足元に下がってくるのだ。だから、日ごろからちゃんと点検しておけばいいのに！　思わずイライラしてしまったら、上の娘が気づいて言った。

「ママ、どうしたの？」

教会に着くなり、わたしは化粧室に飛び込んで、どうにかできないか調べてみた。でも、安全ピンもテープもなくてはどうしようもない。いっそのことタイツを脱いでしまおうかとも思ったけれど、外は凍てつくような寒さだし、きっとこごえてしまう。

しかたないので、「きっとどうにかなる」と自分に言い聞かせた。礼拝のあいだ、あまり身じろぎしないようにすれば、たぶん大丈夫。

礼拝が始まり、しばらくは問題なく過ごしていた。やがて聖餐式《せいさん》のために立ち上がり、列に並んで歩き始めると、タイツが下がってきた。そして、牧師様のまえでひざを曲げ、おじぎをして立ち上がった瞬間、タイツの股の部分が一気にひざまでずり落ちてしまったのだ！

というわけで、この話から学ぶべき教訓は、服や小物が何度も使ってくたびれてきたら、ちゃんと見切りをつけて処分すること。ゴムが伸びたタイツをなぜ捨てずに取っておいたのか、自分でもわけがわからないけれど、もう二度と同じ失敗は繰り返すまいと固く決心している。

「なりたい自分」をイメージした服選び

さて、あなたの手元には選び抜いた好きな服だけが残ったはず。あらためて見てみると、素敵な服ばかりでうれしくなるだろう。その多くは、「ダメにしたくないから」と思って、ほとんど着ていなかったかもしれない。

でもこれからは、「いい服はとっておきにしよう」という考えは捨てること。とはいえ、スーパーへ買い物に行くのに、まさかレース仕立てのカクテルドレスを着て行こう、というわけではない。そうではなく、せっかく買ったのに「もったいない」と思ってちっとも着ていなかったシルクのブラウスを着てみるのだ。

いつもいい服を着るのを習慣にしよう。凛とした魅力のある人たちは、いつも着こなしに気を配っている。いい服は特別なときのためにとっておいて、ふだんはどうでもいい古着で過ごす、なんてことはしない。

なぜなら、毎日は大切な贈り物だから。ひょっとしたら、きょうが人生最後の日になるかもしれない。だからもったいないなんて言わずに、いい服をどんどん着よう。さっそく、きょうから！

毎朝着る服を選ぶときは、なりたい自分をイメージして考えよう。いつもどおりTシャツとジーンズにするか、素敵なワンピースにしようか——そう考えているうちに、たまにはワンピースもいいかも、と思えてくる。

もちろん、時と場によってはTシャツとジーンズがふさわしいこともあるけれど、いつもそんな服装をしているのに気づいたら、気分を変えて、少しドレスアップしてみよう。最初のうちは慣れなくて、何となく照れくさいかもしれない。でもワンピースを着るのに慣れてしまうと、Tシャツとジーンズではカジュアルすぎて、特別な気分を味わえなくなるから不思議。このように、好みは変わるのだ。

毎日、なりたい自分をイメージして服を選べば、ちゃんとシックな装いができるようになる。

10着のコアアイテム

「10着のワードローブ」の「10」（あるいは自分に適した数）とは、コアアイテムの数のこと。これらの基本のアイテムは、着こなしのベースとして毎日のように着るものだ。

パンツ（ジーンズを含む）、ワンピース、ブラウス、スカートなどはいずれもコアアイテムで、慎重に選ぶ必要がある。ワンシーズンで着られなくなるようなものではなく、なるべく品質のよいものを揃えたい。あなたが心から気に入って、着ていると自分らしい素敵な気分になれる服。色は顔映りがよく、ほかの服とコーディネートしやすいものを選ぼう。

経験を積んでいくうちに、基本のコアアイテムを選ぶときも、なりたい自分をイメージして上手に選べるようになる。何シーズンか過ごすうちに、失敗を含むさまざまな経験をとおして学ぶから。

たとえば、素敵なワンピースでも、丈が短かくて、縮んだら着られなくなりそうだと思ったら、買わない。細身のきれいなパンツでも、何度か洗ったらきつくてパンパンになりそうだと思ったら、買わない。そのいっぽうで、いろいろ試していくうちに、お気に入りのジーンズのブランドや、自分にいちばんよく似合うスタイルが見つかるはず。

たとえば、あなたが住んでいるところは1年じゅう気温が高くて、長袖のブラウスは向いていないことがわかる。その代わり、おしゃれな重ね着に挑戦してみたり、体形が美しく見えるワンピースを見つけたりして、いつのまにか積極的におしゃれを楽しんでいる。やがてワードローブには、あなたにとてもよく似合い、美しく、素敵に見せてくれる服が揃っていく。どれもあなたらしいスタイルを表現する服ばかり。そんなふうになるためには、10着のワードローブ選びを真剣に行う必要がある。

＊10着のコアアイテムの例

ワンピース　4着
パンツ　2本
ブラウス　4枚

ジーンズ　2本
パンツ　2本
ブラウス　4枚
ワンピース　2着

ワンピース　3着
スカート　2着
ブラウス　3枚
ジーンズ　2本

ワンピース　10着

では、この「10」という数字はどれくらい重要なのだろうか？　じつは、10着にこだわる必要はまったくない。「10着なんてありえない」と思ったら、15着でも、20着でも、25着でもかまわないのだ。大切なのは、コアアイテムをしっかりと選ぶ目を養うこと。もしかしたらそのうち、「こんなにたくさんの服は要らない」「10着くらいでちょうどいい」と思うようになるかもしれない。

読者のなかにも「10着のワードローブ」を実践し、気に入って続けている人がたくさんいる。またコアアイテムを15着や20着に決めた読者からも、「ワードローブを一定の数に絞り込むことで、生活が大きく変わった」という、うれしい報告が届いている。やってみればわかるとおり、想像以上の効果をもたらすのだ。

「10着のワードローブ」を実践すると、基本となる枠組みがあるので服を買うときにも便利。品物をよく見きわめて、賢いお金の遣い方ができるようになる。また、量より質を重視して数を絞り込むことで、持っている服のよさをフルに生かし、クリエイティブな発想で新しい着こなしやコーディネートを考えるようになる。じわじわと確実に効果を実感して、とても満足するはずだ。

この「10着のワードローブ」の方法論は、服だけでなく買い物全般に役立つ。必要なときしか買い物をしなくなるし、いざ買うときは、どんなものが必要かはっきりとわかっているので、適当に妥協しないようになる。セールで買い物をするときは、不要な衝動買いを防ぐために、必ず使うこと、役に立つこと、あなたによく似合うこと、ずっと気に入って使えそうなことが確信できる場合だけにする。

そうすれば、どんなものを新しく買うにしても、あなたの家の選び抜かれたインテリアやほかの持ち物と見事に調和するようになる。

このような習慣が身につくと、処分する服を決めもせずに、つぎつぎに新しい服を買うようなことがなくなる。安易に服を買わなくなり、くたびれた服や似合わなくなった服はきちんと処分することで、クローゼットにはお気に入りの服だけがゆったりと並ぶようになる。

Chic Tips お会計のまえに

賢い服選びをしたいと思ったら、買うまえにつぎの質問を自分に問いかけてみる。


「これは本当に必要？」

「無理なく買える？」

「これを買おうと思った理由は？」

「本当に欲しい？」

「来週になっても、来年になっても、絶対に欲しいと思う？」

「10着のワードローブ」の効果は、生活にさまざまな変化をもたらす。まず浪費しなくなり、お金を賢く遣えるようになる。買い物の失敗が減り、大量消費の風潮に踊らされなくなる。以前とちがって、セールのときも血が騒がなくなる（ファイナルセール！　クリアランス！　ラストチャンス！）。

自分らしいスタイルを見つけて、大切にするようになる。型崩れした服や似合わない服をすっかり処分して、毎日、素敵な服を着るようになるから、いつもきちんとした装いができる。朝起きて服を選ぶときも、ワードローブにある服はすべて組み合わせが利くので困らない。

凛とした魅力のある人たちは、いつも装いをとおして自分らしいスタイルを表現し、素敵な気分でいられる。「10着のワードローブ」を実践すれば、あなたもそんなふうになれるのだ。思い切って、実践あるのみ！

服選びが簡単になる

「10着のワードローブ」を実践するための準備が整ったら、服選びが簡単になったことに驚くだろう。選択肢がありすぎると迷ってしまうけれど、服の数が少ないのでさっと決められる。よく考えて選び抜いた服は、あなたらしいスタイルを表現するものばかりだ。10着なんて無理という人たちは、服の数が少なすぎて飽きてしまうのではないかと思っているようだ。でも、その点は大丈夫。コーディネートの可能性はたくさんあるし、持っているアイテムを組み合わせて工夫するのは、とても楽しいから。

それでも飽きてしまったら、「足るを知る」ための絶好の機会と考えよう。自分の持っているものに満足することを学んで、人として成長するために。それは人格を磨くことにもなる。そういう小さな努力の積み重ねが、凛とした魅力を身につけるのに役立つのだ。

ワンピースを選べば、服のコーディネートを考える必要がないからとても便利。あとはストッキング、靴、アクセサリー、上着などを選ぶだけでいいから、わたしの「10着のワードローブ」にはワンピースがよく登場する。

でも「10着のワードローブ」を実践していれば、トップスとボトムスの組み合わせも簡単なはず。組み合わせが利くように考えてワードローブを揃えておけば、「これとこれは合うかな?」なんて悩む必要もない。

何年か経験を積んでいくうちに、あなたらしいスタイルが明確になってくる。そうすると、ワードローブ全体に調和が生まれ、自由自在に組み合わせが利くようになり、服選びに迷わなくなる。

エクストラアイテムで工夫をこらす

エクストラアイテムとは、コーディネートに役立つアイテムや小物類。たとえばTシャツ、重ね着用のセーターやカーディガン、ジャケットやコートなどの上着、スカーフやアクセサリーなどの小物やバッグ、靴など。

このようなエクストラアイテムを上手に使って、10着のワードローブをあなたのライフスタイルに合わせよう。たとえば、寒いところに住んでいる人は、南カリフォルニアに住んでいる人よりもセーターがたくさん必要なはず。小さい子どもと公園に行くことが多い人は、Tシャツがたくさん必要かもしれない。よく歩く人は、フラットシューズが多めに必要だろう。

エクストラアイテムを選ぶときも、コアアイテムを揃えるときと同じようによく考えて、あまり数を増やさないように注意しよう。せっかくコアアイテムを10着に絞っても、エクストラアイテムが何百もあったら、ごちゃごちゃになって台なしだから。

エクストラアイテムをいくつ持つべきかについては、正解はないけれど、自分にとってなにが多めに必要で、なにがあまり要らないかは、考えていくうちにわかるはず。

コアアイテムよりもエクストラアイテムを上手に使いこなすほうが、ある意味、楽しいかもしれない。エクストラアイテムの工夫しだいで、コアアイテムを何通りにも着こなすことができるから。大振りのネックレスやきれいなスカーフは、着こなしをはっとするほど素敵に見せてくれる。

品物選びは慎重によく考えて。クリエイティブな発想で、工夫をこらして使いこなそう。

シンプルな服を何通りにも着こなす

服のコーディネートに自信が持てない人は、ブルーのジャージーワンピースや、グリーンのVネックのセーターとジーンズなど、シンプルでベーシックな服を選んで、スカーフやアクセサリーなどの小物（これについては、のちほど詳しく）でアクセントをつけよう。

服を買うときは、シンプルな無地で、サイズがぴったりの服を選ぶ。そういう服はスタイリングにおいて、白いキャンバスのような役目を果たす。意外かもしれないけれど、シンプルでベーシックな服ほど飽きがこないもの――小物しだいで何通りにも着こなせるから。

たとえば、ブルーのコットンジャージーのドレス。襟元はクルーネックで、そではキャップスリーブ（肩先が隠れる程度）。丈の長さがちょうどよく、脚がきれいに見えるもの。

きょうはこのドレスに、イエローのスカーフとゴールドブラウンのエスパドリーユ〔底がジュート麻のサンダル〕を合わせる。週の後半には、このドレスに赤いバレエシューズと、ゴールドのビブネックレス〔胸元を飾るボリュームのあるネックレス〕を合わせる。そしてデートの夜には、ヌードカラーのハイヒールと軽やかなプリントカーディガンを合わせてみる。

こんなふうに、可能性は無限に広がる。ワンピースじたいはいたってシンプルだから、失敗のしようがない。

品質のよい靴を長く履く

靴はすべてを見ている。

靴には隠しごとはできない。

——アレグザンダー・マコール・スミス

人は靴好きか、そうでないかにはっきりと分かれる。「わたしはとくに靴好きじゃないかも」と思った人にも、ぜひ靴好きになっていただきたい。

だからと言って、「セックス・アンド・ザ・シティ」のキャリー・ブラッドショーのまねをしよう、ということではない（マノロ・ブラニクの靴を買いあさったりしたら、破産してしまう！）。そうではなく、足元のおしゃれを気にかけようということ。靴を選ぶときも服と同じで、やはり量よりも質を重視すべき。きれいに磨かれた美しい靴はとても重要だ。

わたしもこれまでにいろいろな経験を重ね、また靴業界で働く夫と結婚して以来、ヨーロッパ各地の工場を見学して学んだことは、上質な靴を買うのが結局はいちばんよいということ。デザインが美しくて、履き心地がよく、長く使える上質な靴をいくつか持っているほうが、質のよくない靴を何十足も持っているよりずっといい。

わたしが初めて買った高級なハイヒールは、フェラガモの靴だった。当時のわたしは20代半ばで、ほんの数回履いただけで壊れたり、みすぼらしく見えたりするような靴を履くのはもうやめよう、と決心したのだ。

フェラガモには年に一度のセールがある。わたしはそのセールを待って、自分の小さな車に乗って、ビバリーヒルズのショップへ見に行った。

店内に足を踏み入れたとたん、思わず怖気づいてしまった。なにもかもとても素敵だった――でも、とにかく高い！　いつも「ペイレス・シューソース」みたいな安売りのチェーン店で買っていたので、すっかり場違いな気がした。

でも、店員さんがとても感じよく対応してくれたので、ローヒールで濃いベージュ色のスエードのパンプスを試してみることにした。こういう靴なら時代遅れになることもなく、長く使えるはずだし、仕事にも、夜のお出かけにも使えそう。

実際に履いてカーペットのフロアを歩き回ってみると、驚くほど履き心地がよかった。しかも、お値段が40％オフになっていた。よし、決めた！

それから8年半たったいまでも、わたしはまだそのパンプスを持っていて、よく履いている。靴底を一度張り替えてもらったけれど、それ以外は何の問題もない。この靴はよく手入れをしてシューバッグで保管し、雨で濡らさないように気をつけている。200ドルほどしたけれど、すっかり元は取れたし、何年もよい状態で長持ちしていることを考えれば、おつりがくるほどだ。

あのとき、もしこの靴を買わずに、ずっと安い靴を履き続けていたら、長い目で見ればかえって高くついていたはずだ。

＊お金をかける価値のあるクラシックな靴

・黒いパンプス（スエード、表革、エナメル）
・ブラウンベージュかベージュのパンプス（スエード、表革、エナメル）
・ローヒールのパンプス（控えめな装いがふさわしいときや、1日じゅう立っているとき

に最適。わたしの場合、ほとんどがローヒール

・黒い革のブーツ（ヒールの高さは好みによる）
・ブラウンの革のブーツ
・バレエシューズ
・ローファー（履き心地がよく、見た目もきちんとしている）
・レインブーツ（雨期が終わったころがお買い得かも）
・パーティーや会食用の靴（シルバーやゴールドなど、夜のお出かけにぴったりの使いやすい色を選ぶ）
・ヒールのあるストラップサンダル（夏の夜に）

ここに挙げた靴を一度にすべて買おうとしたら大変だし、今年は1足か2足しか買えない、と思う人もいるかもしれない。でもそうやって、少しずつ揃えていくのも素敵なこと。ここはぐっと我慢して、「この際、クレジットカードで全部買っちゃおう！」なんて思わないこと。

今年買えるのが1足か2足なら、まずは使いやすくて飽きのこない定番の靴を買おう。たとえばローヒールの黒いスエードのパンプスなら、仕事のプレゼンテーションにも、観劇にも、素敵なディナーにもぴったり。クラシックな定番の靴は、どんな服にも合わせや

すい。

靴にほころびや傷ができたら、すぐに修理に出そう。修理ができない場合は、捨てるしかない。みっともない靴を履いていると、どんな装いも台なしで、ひどい印象を与えてしまう。

ファッション誌「ヴォーグ」などを手がけた著名な編集者、ダイアナ・ヴリーランドは、靴の裏まで磨くことで知られていた人で、「手入れをしていない靴は文明の終焉《おわり》」という言葉を残している。

マダム・シックはクラシックで高級な靴を履いていた。持っていたのはほんの数足で、ハイヒールはひとつもなく、ローヒールのパンプスが好きだった。ふだんよく履いていたのは上質な革のパンプスで、バックルのついたデザイン。

イギリスのタブロイド紙「デイリー・メール」によれば、イギリスのエリザベス女王は50年も同じスタイルの靴を履いている。それは「アネーロ・アンド・ダビデ」による特注の高価な靴で、ヒールをつけ替えるなど修理をしながら、長く大事に履いているという。エリザベス女王は明らかに靴の流行など気にせず、もっとほかにもおしゃれな靴を探したいとはお考えではないようだ。ご自分にとってもっとも履き心地がよく、上質でおしゃれな靴を見つけて、ずっと愛用している。

それはキャサリン妃も同様で、「L・K・ベネット」のヌードベージュのエナメルハイヒールがお気に入りであることは、多くの記事に書かれている。おしゃれ上手なキャサリン妃は、この色とデザインなら、いろいろな装いに合わせやすいことをよく知っている。

クラシックなデザインには、時代を超えた魅力がある。

スカーフをアクセントにする

装いにスカーフを加えると、上品で粋な感じになる。パリのマダム・シックの家でホームステイを始めるまえに、わたしが持っていた唯一のスカーフと言えば、吹奏楽部の朝練のとき、首にぐるぐる巻きにしていたフリース素材の巨大なスカーフだけだった。

でも、パリに着いたとたんに、フランスの女性たちがスカーフをとてもセンスよく、素敵に結んでいることに気づいた。それは襟元の寒さを防ぐだけでなく、その人ならではのおしゃれを引きたてるアクセントになっていた。

寒いところに住んでいる人は、首元を暖かく保つためにも、スカーフを何枚か持っていて使い分けると便利。気候の温暖なところに住んでいる人は、おしゃれな小物として使おう。スカーフはたくさん持っている必要はなくて、おしゃれな結び方をいくつか覚えておけばOK。

アクセサリーのつけすぎに注意

ココ・シャネルが「アクセサリーのつけすぎを防ぐには、家を出るまえにひとつ外すこと」と言ったのは、有名な話。

アクセサリーのつけ方しだいで、装いにさまざまなアクセントを加えることができる。一粒ダイヤモンドのピアスにシンプルなネックレスの組み合わせが好きな人もいれば、もっと大振りな、いま流行りのステートメント・ジュエリーが好きな人もいる。

大胆なアクセサリーが好きな人も、控えめなアクセサリーが好きな人も、つけすぎにはくれぐれも注意しよう。ココ・シャネルの賢明なアドバイスを思い出して、家を出るまえに鏡を見てチェックすること。

アクセサリー使いをセンスよく楽しんで、装いを引き立てよう。

バッグの中身を整理する

週に一度は、バッグの中身を整理しよう。物が多くて重くなりすぎると、姿勢が悪くなってしまう。1週間もすると、わたしのバッグはいろいろなもので一杯になる。ウェットティッシュ、子どもの替え用の靴下、電子書籍用端末、レシート、小銭、リップグロスが3つ、ヘッドフォン。それにパンくずや小枝、キャップの取れたペンまで……。

バッグの中身をきれいに整理しておけば、携帯が鳴っても、大あわてでバッグのなかを引っかき回さなくてすむ（あれはみっともない）。いつもバッグに入れておくべき必需品は、カギ、お財布、携帯電話、小銭入れ。それにブレスミント、ティッシュ、ミラー付きコンパクト、リップグロス、手の除菌用ジェルくらいだろう。

寝るときのおしゃれ

わたしがなにを言おうとしているか、もうおわかりのはず。では、ご一緒に――

「寝るときも、素敵なナイトウェアを着よう！」

ナイトウェアにもいろいろな種類がある。キャミソール、ネグリジェ、スリープシャツ、ボタンダウンのパジャマ、レギンスセットなど。寝るときも、あなたらしいナイトウェアで過ごそう。

わたしは寝るときのおしゃれも大好きで、いつもエレガントで洗練されたデザインのナイトウェアを選んでいる（まちがっても、トナカイの着ぐるみパジャマは買わない）。夏はスリップ型のネグリジェ、冬はボタンダウンのパジャマがお気に入り。ベッドに入るまでは、その上にガウンかローブを着ている（これについては、のちほど詳しく）。

ナイトウェアは年に1着買い足す程度で、わたしが好きなのは上質で長く使える素敵なネグリジェ。洗濯機のデリケートコースで洗い、場合によっては脱水機を使わず、タオルなどを使って丁寧に脱水する。

好みは人それぞれだから、もっとセクシーなナイティが好きな人もいれば、エッフェル塔模様のあざやかなピンクのパジャマが好きな人もいるかもしれない。寝るときもぜひ、あなたらしいスタイルを表現しよう！

なぜ素敵なナイトウェアを着ることが重要なのだろう？　それは昼も夜も関係なく、いつも凛とした魅力のある、最高の自分でいたいから。そう、たとえ寝るときでも！

10代や学生のころは、ボクサーショーツにライブで買ったぶかぶかのTシャツなど、いい加減な格好で寝ていたけれど、そんなのはもう卒業。遊び心のあるパジャマもいいけれど、自分を大切にしているあなたにふさわしく、格調の高いナイトウェアを選んでもいいのでは？

いつもきちんとした装いを心がけるためにも、素敵なナイトウェアは欠かせない。寝るときも身だしなみに気を配るのは、あなたが正しい目的のために、凛とした魅力を身につけようとしているしるし。他人に対して自分をよく見せるためでなく、毎日の生活に素敵な変化を起こそうとしているのだ。

ベッドに入るまではガウンを羽織る

グランサム伯爵「今夜はあやうく略式礼服を着用するところでしたよ」
先代グランサム伯爵夫人バイオレット「あら。いっそガウンかパジャマでも着てくれればよかったのに」

――「ダウントン・アビー」より

先日、映画『長くつ下ピッピの冒険物語』（1988年）を娘たちと観た。子どものころ、この映画をよく観たので、なつかしい思い出がたくさんよみがえってきた。
ある晩、ピッピのとなりの家に住む兄妹、トミーとアニカが、ピッピの家から変な物音がするのに気がついて、調べに行こうと決心する。この場面で、わたしは思わずほほえんでしまった。ふたりは音を立てずにベッドから出ると、そっと家を抜け出して、ようすを見に行った。なにが素敵だったのかと言うと、ふたりはパジャマのうえにきちんとガウンを着てから部屋を出たのだ。

ガウンを着るとパジャマが隠れるだけでなく、おしゃれに見える。でもガウンを着るなんて、いまどき時代遅れだと思う人もいるかもしれない。なにしろ、フランネルのパジャマのボトムスで外出するのが流行っているくらいだから。

ついきのうも街なかで、パジャマ姿で歩いている女性を見かけた。こればかりはどうにも理解しがたい。その人は部屋にカギを置いたまま閉め出されたようにも、火事の現場から逃げ出してきたようにも見えなかった。まるでふつうに用事で出かけるような感じだった……パジャマ姿なのに。

パジャマで外出するなんて、わたしには考えられない。まるで悪夢だ——買い物に行ったら突然、自分が下着姿だったのに気づいたのと同じくらい、恥ずかしい。

娘たちが通っている保育園には、年に一度の「パジャマデー」がある。ふたりともこの日が大好きで、パジャマ姿で通園し、お友だちとみんなで集まれるのが楽しくてたまらないようだ。

パジャマデーの日、娘たちと保育園から帰るとちゅうで、犬と散歩中の女性に出会った。その女性に「とってもかわいいわね！」とほめられると、上の娘が得意げに答えた。

「きょうはほいくえんのパジャマデーだったの！」

やがて、一瞬黙ったかと思うと、娘が口を開いた。

「おねえさんもパジャマデーなの？」

そう、ご想像のとおり、その女性は真昼間だというのにパジャマを着ていたのだ。すっかりどぎまぎしてしまったわたしは、そそくさとあいさつをして、娘たちの手を引いて逃げるようにその場を去った。

ガウンを着ることは、パジャマで外に出るのと正反対の行為。ただパジャマを隠すだけでなく、おしゃれに見える。それにガウンを着れば暖かいし、きちんとして見える。

マダム・シックは、いつも素敵なガウンを着ていた。冬はキルトのファスナー式のガウンで、夏はキモノ風のガウン。ホームステイのあいだに、マダムのパジャマ姿を見たことは一度もなかった――マダムがパジャマ姿で家のなかをうろうろするなんて、ありえなかったから！

透ける素材や薄い生地で露出度の高いナイトウェアを着ている人はとくに、いつもガウンを着るように心がけよう。子どもたちはセクシーなネグリジェを着たママは見たくないし、あなたの家に泊まるゲストも困るだろう。

よその家に泊まる場合は、ネグリジェの上に必ずガウンを着よう。誰かが用事で部屋に来るかもしれないし、バスルームに行くために廊下に出る必要があるかもしれない。ボタンダウンのパジャマや部屋着風のパジャマなら、ガウンを着なくてもいいかもしれないけれど、真夜中にお腹が空いて、何かつまむものを探しにこっそりキッチンへ行くなら、バスローブを羽織っておいたほうが安心。

ガウンは何着も持っている必要はなく、1着か2着あればじゅうぶん。夜をおしゃれに過ごしたいなら、ガウンは最後の仕上げに欠かせないアイテムだ。

特別なときの装い

凜とした魅力を身につけるには、どんなときも時と場にふさわしい服装を心がけること。そうすれば、くつろいだ気分で自信をもって振る舞える。特別なときにはどんな服装をするべきか、考えてみよう。

＊旅行

夏休みの暑い時期に旅行するなら、もちろんラクな服装がいい。でも海などのリゾート地に行く予定はなくて、世界の文化とビジネスの中心地ともいうべき大都市で、知人の家に滞在する。そんなとき、凛とした魅力のある人は、失礼にならないようにきちんとした装いを心がけるもの。

まず、歩くのに適した靴を選ぼう。テニスシューズでも悪くはないけれど、履き心地がよくて歩きやすく、おしゃれなフラットシューズはいくらでもある。

ビーチサンダルはウォーキングには適していない。1時間もすれば足が汚くなってしまうから。ほかに避けたほうがいいのは、Tシャツ、ショートパンツ、スニーカー、ウエストポーチ、ベースボールキャップなど。暑い日には素敵なワンピース、あるいはテーラードパンツに涼しいブラウスなどを着れば、ラクな服装でもシックに見える。

地元の人たちに溶け込んで、思いがけず現地の言葉で話しかけられても、物怖《ものお》じせずに交流を楽しもう！　1日じゅう外に出ている場合は、天気が変わるかもしれないから、上着を忘れずに。

どうしたらラクでおしゃれな服装ができるか、工夫をこらして考えてみよう。現地の人たちのファッションをチェックして、まねしてみるのも楽しい。パリに行ったらパリジェンヌみたいにスカーフを巻いたり、イタリアに行ったらエレガントなマダムのまねをしてセーターを肩にかけてみたり。

どんな国や街へ行っても、その土地の文化に敬意を示し、地元の人たちを見習って、異文化体験を楽しもう。

＊結婚式

まず常識的なルールとして、結婚式や披露宴に出席するゲストは、白い服を着るのは避けること（招待状やドレスコードに、白い服もＯＫと明記されていないかぎりはＮＧ）。丈が短すぎたり、胸元が大きく開いているなど露出度の高い服は避け、上品でエレガントなドレスを選べばまちがいない。

靴は会場に合わせて選ぶこと。たとえばビーチやガーデンで行われるなら、ハイヒールは避けたい。

では、ＴＰＯ別のドレスコードを簡単に見ていこう。

フォーマル／ブラックタイ

床まで届く長さのエレガントなイブニングドレスや、上品なイブニング用のカクテルドレスが適切。夜のパーティーにふさわしい華やかなメイクや、大振りのアクセサリーもぴったり。

カクテルパーティー（カクテルや軽食が出される午後や夕方のパーティー）

夕方の披露宴なら濃い色、昼間なら明るい色のカクテルドレスを選ぶ。ハイヒールやアクセサリー、おしゃれなヘアスタイルで華やかに。よく似合う美しいドレスを選ぶのは大切だけれど、あまりセクシーな感じにならないように注意。胸元が大きく開いたドレスや、ミニ丈のドレスは避ける。

ドレッシー・カジュアル

カクテルドレスやテーラードスーツ、あるいはシックなブラウスとスカートにハイヒールを合わせる。カジュアルになりすぎないように、髪をシックなシニヨンやおだんごにしたり、オールド・ハリウッド風の華やかなウェーブヘアにしたりして、ドレッシーな雰囲気に仕上げる。

ビーチ・ウェディング

ボヘミアン風のスタイルがぴったり――たとえば、サンドレスやマキシドレスにフラットサンダルを合わせる。髪は下ろすかハーフアップにして、耳の後ろに花を飾っても素敵。メイクは昼のパーティーにふさわしくナチュラルに。

カジュアル

ドレスコードにカジュアルと書いてあっても、やはりふだんの服装ではなく、少し特別な感じにする。サンドレスやカジュアルなスーツ（スカートでもパンツでもOK）に、上品なメイクをすればぴったり。

＊観劇やコンサート

あなたがこれから観る舞台は、出演者たちが精魂こめて、技を磨きながら創り上げてきたもの。だから観客として、敬意をこめた装いをしよう。地元で演劇を観るときも、バレエやオペラや観るときも、オーケストラの演奏を聴くときも、いつもとはちがった特別な装いを心がけて。

ロサンゼルスのドロシー・チャンドラー・パビリオンのような壮麗な歌劇場に行くのに、破れたデニムのショートパンツにビーチサンダルなど履いていったら、ものすごく場違いで浮いてしまう（というか、破れたショートパンツなんて持っていてはダメ！）。

時と場に応じて、どんな服装がふさわしいか考えよう。たとえば、バレエ公演初日のソワレの舞台を観るなら、地元のコミュニティーセンターでお芝居を観るときよりも、少しドレッシーに装う。

仕事帰りに美術展やアーティストの個展などに行くときは、口紅を塗って、ショールを優雅にまとったり、イヤリングをつけ替えたりしよう。特別な気分を演出するために、ひと工夫していつもとはちがった装いにしたい。

こういうときのために、エクストラアイテムとして華やかな服をいくつか用意しておくか、いつもの服に華やかさを添える小物などを持っていると、いつでも気軽に劇場にふさわしい装いができる。そうやってふだんから心がけておけば、「どうしよう、なにを着て行こう?」なんてあわてることもない。

ワードローブを計画するときは、観劇やコンサートのときの装いも考えておこう。そうすれば、いまよりもっとアートに親しみたくなるかも!

*イベントやパーティー

女性なら誰でも、エクストラアイテムとして、ドレッシーな服をひとつかふたつは持っておきたいもの。リトルブラックドレスなら、夜のデートから劇場のオープニングレセプションまで、さまざまなときに使えて便利。美しいシルクのドレスなら、結婚式や記念日のパーティーにも着て行けるし、おしゃれなカクテルドレスなら、年末のパーティーやチャリティのイベントなどにぴったり。

イベントやパーティーに出席することが多い人は、いつでもさっと選べるように、ドレスなど特別なときに着る服をいくつか揃えておこう。同じ服を2度着るのは恥ずかしいなんて思わないこと。その点、イギリスのキャサリン妃はよいお手本で、同じ服を繰り返し着ているのに、アクセサリーやヘアスタイルを工夫して、さまざまなアレンジを楽しんでいる。

SNSでわたしをフォローしている人は、わたしもさまざまなイベントで同じドレスをアレンジしながら着回していることがわかるはず。

昼から夜へ、変化を楽しむ

オフィスで1日働いてから夜のお出かけがある日は、装いにちょっとした工夫をして、昼から夜への変化を楽しもう。アクセサリーや小物を替えるだけで、印象が変わるから。

たとえば、こんなふうに。

・フラットな靴からハイヒールに履き替える。ハイヒールはバッグに入れて持っていくか、オフィスに1足置いておくと便利。
・アクセサリーをつけ替える。仕事のあとは、夜のお出かけにぴったりの華やかなものを。
・口紅をきれいに塗りなおすか、アイシャドウを濃いめにする。
・スカーフをショールに替えて、肩から優雅にかける。
・素敵なドレスを着て、オフィスにいるあいだはブレザーかカーディガンを上に着る。仕事が終わって出かけるときは、上着を脱いで華やかに。

服はたんに体を覆うためのものではない。だから、いい加減に考えてはダメ。どんな服を着たいか、ひいては、どんなスタイルが自分らしいかを、よく考えて決めるべきだ。

装いは、その人について多くのことを物語っている。着こなしにはその人の心の状態や人生に対する気概が表れる。だらしない服装をしていれば、当然、だらしない人間に見えてしまう。

けれども、どんなときもきちんとした装いを心がけ、自分らしいスタイルを表現できるようになれば、いつもおしゃれに見えるだけでなく、凛とした魅力のある人になれる。

Chapter 4

身だしなみに気を配る

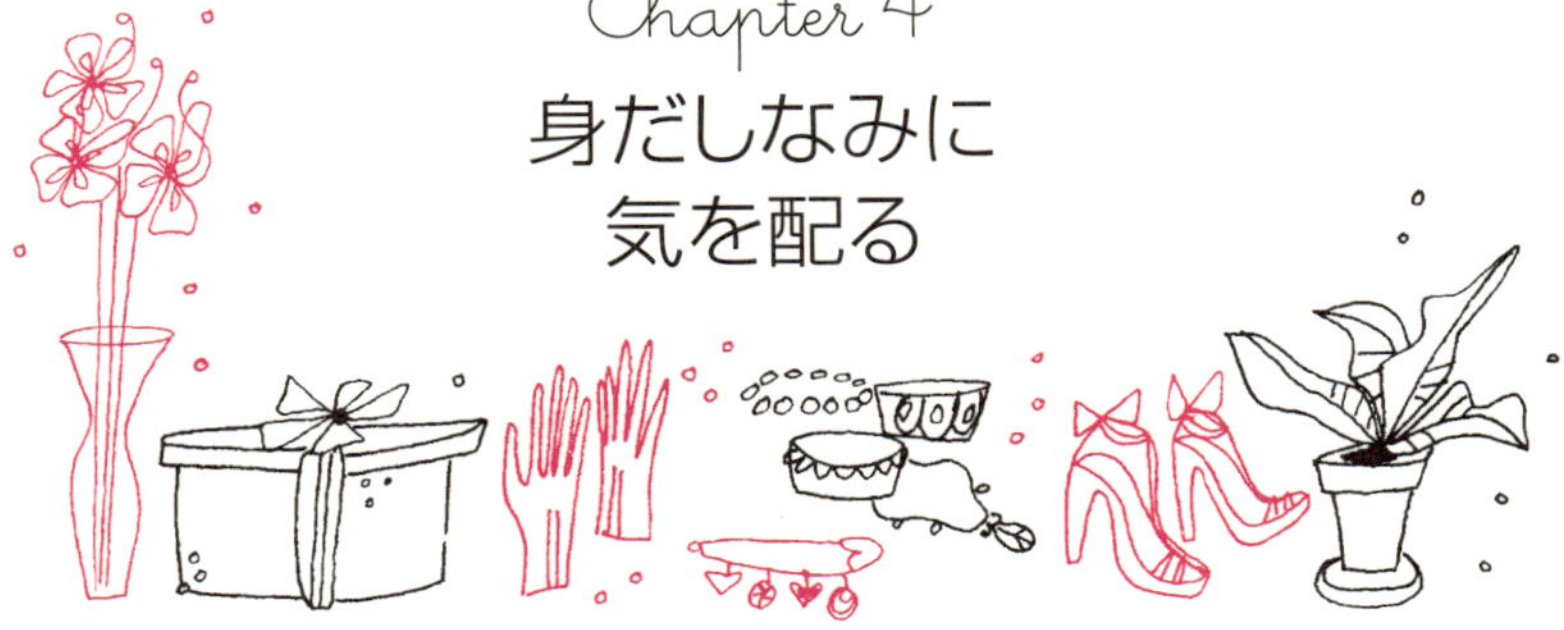

美しい装いのためにも、身だしなみはとても重要。清潔できちんとした感じがしなければ、凛とした魅力は醸し出せない。身だしなみを整えることは、あなたが自分を大切にしていることを——そしてひとからも大切にされ、注目に値する存在であることを、世の中に向けて表現することなのだ。

ぼさぼさの髪を頭のてっぺんで無造作に結んだ女性や、何週間もたって剝げてしまったマニキュアを放っておく女性や、犬の毛がこびりついたトレーニングウェアを着ているような女性がうようよしている世の中では、身だしなみに気を配っている人のほうが少ないかもしれない。

けれども、身だしなみは社会人として生きていくうえで最低限、必要なものだ。

身だしなみを整えるというのは、自分の外見の細部にまで気を配ること。身だしなみを整えるのを毎日のシンプルな習慣にすれば、どんなに大変な日や睡眠不足の日でも、いつもこざっぱりとして、あかぬけて見える。

髪型はライフスタイルに合わせる

髪については、自分のライフスタイルに合ったスタイルにカットし、ヘアケアの方法や頻度を決める必要がある。忙しくてお手入れにあまり時間をかけられない人は、ロングヘアやエクステンションは避け、シンプルでもう少し短めのヘアスタイルにしたほうがいいだろう。

マダム・シックは忙しくて、髪のお手入れに何時間もかける余裕はなかったから、パリジェンヌらしく短いボブにしていたし、マダムの娘さんもそうだった。

もし髪が汚れにくく、わたしと同じようにあまり頻繁に洗う必要のない人は(わたしは週に2回)、もっと長い髪でも大丈夫だろう。わたしの場合、ブローに時間をかけるのは週に2回だけなので、時間の節約になる。

ほかにも、時間をかけずにいつもきれいなヘアスタイルでいるためのコツがある。たとえば、わたしがインスタグラムによく投稿するのは、「髪が決まらない日のお助けヘアアレンジ」。とても便利なので、おすすめだ。

あなたの髪は、あなた自身が誰よりもよく知っている——そう、担当のスタイリストさんよりも。あなたのスケジュールも、あなたがいちばんよくわかっている。朝の身支度にどれだけ時間を使えるか。週に何回、髪を洗う必要があるか。どんなヘアスタイルが好きで、うまくいったときはどんな感じに仕上がるか。そういうことをよく考えて、自分に合ったヘアスタイルを選び、お手入れを計画しよう。

どんなヘアスタイルでも、まずは清潔できちんとしていることが大事。そして、両目や顔の表情がちゃんと見えるスタイリングを心がけよう。ヘアカラーをしている人は、定期的に美容室の予約をして、根本の部分が目立たないように気をつけよう。6週間から8週間に一度はカットも必要。

忙しくて時間のない日や、体調の悪い日、あるいは、寝ぐせや天気のせいで髪が決まらないときのために、簡単にできるヘアアレンジをいくつか覚えておこう。YouTubeには、わかりやすい動画がたくさんある。わたしのYouTubeチャンネルにもたくさん載せているので、ぜひ参考にしてほしい。

そこまでする気になれない場合は、良質のブラシで髪をきちんととかしてみよう。そのまま下ろすにしても、ポニーテールやおだんごにまとめるにしても、（生まれつきカーリーヘアでないかぎり）髪をきちんととかすことは、時間をかけずに身だしなみを整え、凛とした雰囲気をつくるのに効果的だ。

熱を使わず寝ているあいだにウェーブヘア

ブローをしないですませたいときは、寝ているあいだにできる、このお手軽なヘアアレンジが便利。

寝るまえに、くし通りがなめらかになるまで、ブラシで何度か髪をとかす。つぎに、ライトなヘアスプレーを髪全体にかける。髪を左右ふたつに分け、上のほうは編みこみに、下のほうは三つ編みにして、先端のなるべく端っこをゴムでとめる。ひと晩ぐっすり眠って、目が覚めたら、編みこみと三つ編みをほどこう。熱を使わない素敵なウェーブヘアのできあがり。

シックなヘアアレンジのコツ

*髪の分け目をいつもよりずっと低い位置にする（ディープサイドパート）。スプレーを少し吹きかけたコームで、低い位置のポニーテールにしてゴムでとめる（少量の髪束を取って、ゴムの結び目に巻きつけて隠し、ヘアピンでとめる）。またはおだんごにして、

後れ毛を隠す。このようにディープサイドパートでまとめると、後れ毛がふわふわと浮き立つのを防げる。

＊後れ毛を落ち着かせるには、新しい歯ブラシ（ヘアケア専用にする）にスプレーを吹きかけて、後れ毛をなでつける。耳の上の部分の髪のほつれを防ぐのにも効果的。

＊ハーフアップにしてみる。トップと両サイドの髪を後ろへ持っていき、左右の髪を合わせてひねる。ヘアピンを使って、ひねったところをクロスに4カ所とめる。必要であれば最後にスプレーをかける。

＊ポニーテールの位置が下がってきてしまうときは、ヘアピンを使って高さを保ち、きりっと仕上げよう。髪をブラシでまとめ、高い位置でポニーテールにしてゴムでとめる。まとめた髪を前のほうに倒し、ゴムの上から下に向かってヘアピンを2本差し込む。これで、ぴょんとしたポニーテールのできあがり！

爪のお手入れは欠かさずに

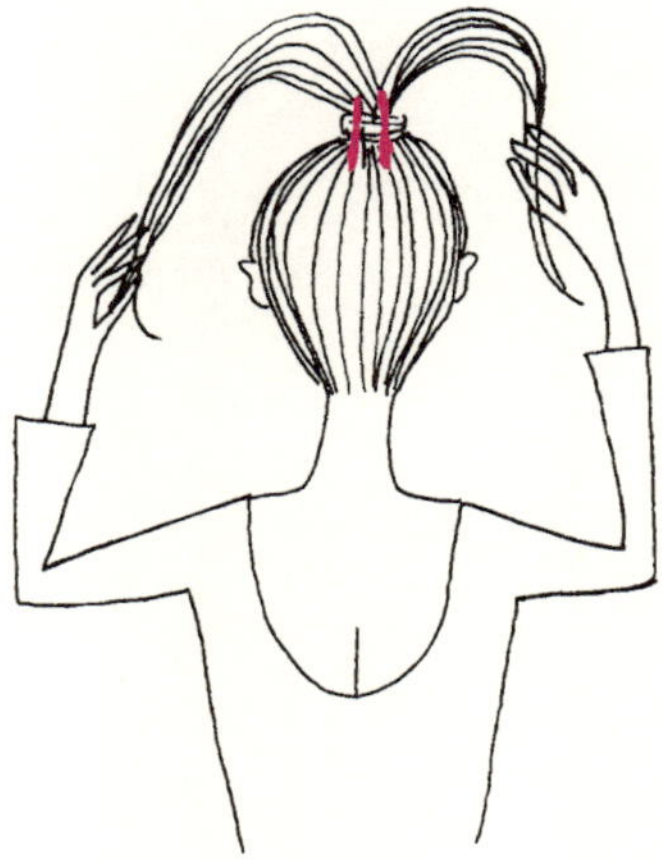

あなたはマニキュアを塗っている？　それとも塗っていない？　マニキュアは誰もが好むわけではなく、何も塗らないほうが健康的な感じがしていいと思っている女性も多い。
マニキュアが好きな人は、ぜひ自分できれいに塗れるようになろう。毎週、ネイルサロ

ンに行く余裕のある人でも、自分で塗るコツを覚えておけば、マニキュアが少しくらい剝げても家で手軽に直せる。時間が経ってマニキュアが剝げてきたら、そのままにしておかずに落とすこと。マニキュアが剝げかけた状態よりは、なにも塗っていないほうがずっといい。

カスタマーサービスや接客を担当している人は、指先が多くの人の目にふれるので、とくに爪のお手入れが欠かせない。仕事の面接を受けるときや、人によい印象を与えたいときは、マニキュアは塗っても塗らなくても、爪をきれいにお手入れしておく必要がある。

わたしは以前、マニキュアもペディキュアも2週間に1回、ネイルサロンで施術してもらっていた。自分でやるのはちょっと無理(とくにペディキュア!)、とてもサロンのような仕上がりにはならない、と思い込んでいたから。けれども、毎月の自分の出費を見直したとき、カットすべきものとしてまず目にとまったのが、ネイルサロンの費用だった。

そんなとき、YouTubeの動画を見ていて驚いたのは、女優のロー・ボスワースが、ネイルカラーをプロに頼んだことは一度もない、と言っていたこと。ローは授賞式のようなイベントに出席するときでさえ、マニキュアもペディキュアも自分で塗っているのだ。

無理だと思い込んでいたことでも、実際にほかの人がやっていると知ると、思い込みが解けることがある。女優がレッドカーペットのイベントに出席するときでさえ、自分でマニキュアを塗っているというなら、わたしにだってきっとできるはず！

それからたくさん練習をした結果、いまではうれしいことに、マニキュアもペディキュアも、プロ並みに上手に塗れるようになった。

マニキュアを塗らない人も、指先はいつもきれいにお手入れしておこう。爪が伸びすぎたり、長さが不揃いになったりしないように注意する。必要なら爪切りでカットし、爪やすりで整える。爪がどこかに引っかかったり、割れたりしたときのために、爪やすりは手近な場所に置いておこう。

フットケアとしては、かかとの部分と足の裏の硬くなった角質を定期的にこすり落とす。また、かかとがガサガサにならないように、日ごろからこまめに保湿しよう。週に1回は、保湿力の高いクリームを足に塗って、厚地の靴下を履いて寝よう。そうすれば、朝起きたときに、足がしっとりすべすべになる。

眉で気軽にイメージチェンジ

手軽にイメージチェンジしたい？　それなら、眉を整えるのがいちばん！「顔の額縁」とも言われる眉をすっきり整えて、自分の顔に合った形にすると、顔全体の印象が大きく変わる。何本か眉毛を抜くだけで、どうしてそれほど大きな効果が生まれるのか不思議でならないけれど、実際にそうなのだ。初めて眉を整えるときや、自分ではなかなかうまくできなくて正しい方法を知りたいときは、プロに相談しよう。

眉のトレンドは時代とともに移り変わる。1930年代の無声映画《サイレント》の時代には、女優たちの眉は細くてアーチ型につり上がっていたけれど、それとは対照的に、ブルック・シールズやカーラ・デルヴィーニュの眉はとても太い。

わたしの意見としては、あまり細くしないこと。ある程度の太さのある眉のほうが健康的だし、顔立ちがはっきりとして見える。それに、眉毛は抜きすぎると、生えてこなくなる場合がある。むしろ、体のほかの部分がそうであってくれたらいいのだけど……(意味はおわかりでしょう?)。

眉を整えるときは、毛抜きで抜くか、糸もしくはワックスで脱毛する。わたしは家の近くのサロンで、糸で脱毛してもらっている。さすがはプロで、驚くほど腕がいいのだ。

眉がきれいに整っていると、きちんとした清潔感のある印象になる。

ムダ毛の処理——魅力は細部に宿るから

ボディケアのなかでも、ムダ毛の問題には多くの女性が手を焼いているはず。脚やわき、ビキニラインのムダ毛や、鼻の下の産毛も、眉毛のようになかなか伸びなければラクなのに……。でも、そう言っていてもしかたないので、ムダ毛をきちんと処理する方法を考える必要がある。凛とした魅力は細部に宿るから。

お手入れの方法には、シェービング、ブリーチ（脱色）、ワックス脱毛、糸による脱毛、レーザー脱毛など、さまざまな種類がある。どの方法にするかを決める際には、いくつか検討すべき項目がある。予算、どのていど痛みに耐えられるか、効果の長さ（長期間もつか、短期間しかもたないか）などだ。

わたしはほぼすべての方法を試したので、その結果や成果をご紹介したい。わたしの場合、脚はシェービング、眉は糸による脱毛、鼻の下、わき、ビキニラインはレーザー脱毛を利用している。いろいろやってみた結果、このやり方がわたしには効果的だとわかったのだ。

レーザー脱毛は費用もかかるし、二度とムダ毛が生えてこないわけではないけれど、伸びる速度はだいぶ遅くなるのでお手入れが楽になる。脚のムダ毛は週に3回ほど、女性用のシェービングクリームとシェーバーで剃る。眉は3、4週間に一度、サロンで糸による脱毛をしてもらう。以上がわたしのお手入れメニュー。

予算を決めて、自分に合ったお手入れの方法を選ぼう。

歯はいつも清潔に！

外国に行くと、「〜さんはアメリカ人みたいな歯をしている」という表現をよく耳にする。イギリスで、「アメリカ人みたいな歯ってどういうこと？」とある人に訊いたら、「歯並びがきれいで、真っ白で、輝くような歯ってことよ」という答えが返ってきた。もちろん、ほめ言葉として受け取った。

アメリカ人は歯をきれいな状態に保つのにとても熱心だ。わたしもそれなりに苦労して、「アメリカ人みたいな歯」を手に入れた。子どものころは歯並びが悪くて、笑うと出っ歯が目立っていたのだけど、8年間も矯正器具をつけて治したのだ（いまでは両親に感謝しているけれど、当時は面倒だし大変だった）。

たしかに、歯並びがよいのはいいことだけれど、歯並びが悪くても、歯がきれいな人もいる。歯が清潔で健康なら、それでじゅうぶん。米国歯科医師会では1日2回は歯磨きをし、毎晩デンタルフロスで歯間を掃除するよう勧めている。

もし真っ白な輝くような歯を目指したいなら、歯専用のホワイトニング剤がある。ドラッグストアで市販されているものから、歯科医院で施術する高価なものまでさまざまだ。

わたしは着色を防ぐため、ソーダやワイン、コーヒーなどが前歯に触れないように気をつけている。

歯がどんな状態でも、歯を見せて笑うのをあまり恥ずかしがらないようにしよう。凛とした魅力のある人たちは、堂々と、にっこり笑う——笑顔は人をやさしく包み込むものだから、笑顔を大切にしているのだ。

自分らしい香りを身にまとう

香りをまとうか、まとわないか、それが問題だ。

わたしは以前から、自分らしいお気に入りの香水をひとつかふたつ持っているのは、とても素敵なことだと思っている——周りの人がその香りであなたのことを思い出すような、そんな香りを。

わたしが愛用している香りは、ジョー・マローンの「ブラックベリー＆ベイ」とステラ・マッカートニーの「ステラ」。ほんのり香る程度にしたいときは、同じ香りのボディクリームだけを使う。もう少し香りを強くしたいときは、香水もつける。あるいは香水だけをつけて、ボディクリームは使わないことも。

香りをまとうのは素敵なことで、人によって惹かれる香りがちがうところも魅力的。たとえば、フローラルな香りが好きな人もいれば、さわやかなシトラス系の香りが好きな人もいる。ウッディでスパイシーな香りに惹かれる人もいれば、グリーン系の清々しい、落ち着いた香りを好む人もいる。

あなたはどんなタイプの香りに惹かれるだろう？　あなたの好きな香りはきっと、あなたの好きなファッションのスタイルにぴったりのはず。たとえば、ロマンティックでフェミニンなスタイルが好きな人は、ローズやライラックなどのフローラル系の香水に惹かれるし、ボヘミアンスタイルの人は、パチョリやコリアンダーや森の香りに惹かれる。スポーティーなスタイルの人は、シトラスやマリーン系のさわやかな香りに惹かれるはず。

ただし、香水をつけるときは、周りの人への配慮を忘れないようにしよう。わたしの親しい友人は、女優なのだけど香りが苦手で、香水をかぐと気分が悪くなってしまう。ある日、彼女が授賞式の会場で化粧室に行ったところ、仲間の女優が鏡の前で香水をスプレーしていた。その女優は彼女の姿を見つけると、喜んでハグをしてきた。もちろん、相手に悪気はなかったけれど、かわいそうに、わたしの友人は移り香のせいで、その晩ずっと吐き気に悩まされた。

車や飛行機で移動するとき、あるいは授業や講義など、ほかの人たちと同じ空間で長時間を過ごす場合は、香りはいっさいつけないか、つけてもほんの少しにしたほうがいい。

マダム・シックにお気に入りの香水があったかどうかは、わたしにはわからない。というのも、香りがわかるほどマダムの近くに顔を寄せたことがなかったから。

たまに、部屋に入ってくるまえから何の香りをつけているのかわかるほど、香水の匂いをぷんぷんさせている人がいる。それはいくら何でもやりすぎだ。

しばらく同じ香りを愛用していると、鼻が香りに慣れて鈍くなってしまうので注意。やはり、香水をつけるときは控えめにしよう。

Chic Tips エチケット——香水と赤ちゃん

生まれたばかりの赤ちゃんに会うときは、男性も女性もくれぐれも香水のつけすぎに注意しよう。せっかく祝福したくて会いに行っても、赤ちゃんが香水の強い香りにびっくりして、くしゃみをしてしまうから。

厚化粧は禁物！

凜とした魅力を身につけるのに欠かせない要素のひとつは、最高の自分を引き出すこと。そして、つねに最高の自分であろうと努力すること。だから自分を隠そうとしてはいけない——とくに厚化粧は禁物だ。

凜とした魅力のある女性は、生まれながらの美しさに磨きをかけ、際立たせるためにメイクを使うべき。あざやかな口紅やスモーキーなアイシャドウを試すのは楽しいけれど、自分らしさがなくなってしまわないように注意しよう。

凜とした魅力のある女性は、気さくで静かな自信に満ち、一緒にいるとこちらまで打ち解けた気分になれる。その何とも言えない魅力が、人を惹きつけずにおかないのだ。凜とした女性はおおらかで、本当の自分を隠したりしない。

デパートの化粧品売り場でメイクをしてもらったとき、メイクアップ・アーティストのメイクがあまりに濃すぎて、「この人に任せても大丈夫かな？」と不安になったことはないだろうか？　外見にも凜とした魅力を漂わせたいなら、人があなたを見たときに真っ先にメイクに目が行くようではダメ。相手がメイクの濃さに驚き、「どういう人なんだろう？」と思ってしまうようでは失敗だ。

とはいえ、いろいろなメイクに挑戦したり、流行を取り入れたりするのが悪いという意味ではない。重要なことは、メイクの目的はあくまでも「目元がぱっちりするように」「頬骨が高く見えるように」「笑顔が引き立つように」することだから、新しいメイクを試すときも、そのことを忘れないようにしよう。

わたしたちは、憧れの女優やセレブとそっくり同じ顔になりたいわけではない。わたしたちが目指しているのは、自分の持っている美しさを際立たせること。なぜなら、いちばん美しいのは本来の自分らしさだから。

超ロングのつけまつげで、あなたの瞳を隠さないで。ダークな色のリップライナーで素敵な笑顔を台無しにしないで。チークをたっぷり塗って頬骨を強調しすぎるのは、逆効果だから気をつけて。

何ならこれまでのメイクを思い切って全部やめて、最初から覚え直そう。凛とした魅力を身につけるには、長いあいだ続けてきたやり方でも、変えるべきことはたくさん出てくる。

マダム・シックの美容のポリシーは「ノーメイクみたいなメイク」が基本。毎日の習慣として簡単にさっとできるのに、自信を持って人前に出られるメイクだ。わたしもこの「ノーメイクみたいなメイク」のおかげで、何度助かったことか。遅刻しそうなときや、体調がよくないとき。あるいは急な用事で外出するときも、すばやく身支度を整えて、自信を持って1日を乗り切れるのは、朝、ほんの数分で、美しさを引き立てるナチュラルなメイクをしておいたから。

もちろん、メイクをしなければ自信を持てないわけではないけれど、素敵な服を着るのと同じで、メイクをするとなぜか自然とやる気が湧いてくるのだ。

Chic Tips

5分で完成　わたしの「ノーメイクみたいなメイク」

洗顔後、ローションで肌に潤いを与え、日焼け止めクリーム、色つき乳液を塗る。そのあと、指かビューティーブレンダー〔メイク用スポンジ〕でBBクリームかファンデーションを塗る。

つぎに、目の下のクマを明るいトーンのコンシーラーでカバーし、必要ならシミやそばかすの気になる部分に、フルカバーコンシーラーをさっと塗る。

最後に、パウダーファンデーションでなじませる。眉の隙間はアイブロウパウダーで埋め、ワインレッドのマスカラをする（わたしのグリーンの瞳が引き立つので、お気に入りの色）。頬骨のいちばん高い部分にチークをさっと塗り、最後の仕上げにリップグロスを塗る。

このメイクには5分もかからないくらい。あなたもぜひ自分なりに、5分できれいになれるノーメイクみたいなメイクを考えてみよう。メイク前とメイク後の写真を撮って効果をチェックし、「これならふだんのメイクにぴったり」と思えるものにしたい。

メイクをしたことがなくて、いまもあまり必要性を感じていない人もいるかもしれない。以前、大学生の女の子に「まだメイクをしたことがないんですが、そろそろしたほうがいいでしょうか？」と質問されたことがあった。

わたしの答えは「ノー」。自分でメイクしたいと思うまでは、無理にする必要はない。なかには生まれつき目鼻立ちがはっきりしていて、メイクが必要ない人もいる。私の知り合いにも何人かそんな女性がいるけれど、とても恵まれていると思う。

いつもより時間があるときや、ふだんとはちがうメイクをしたいときは、アイシャドウやアイライナーをすることもある。でもあくまでもナチュラルに、やりすぎないように注意している。

ありのままの自分に満ち足りることは、凛とした女性たちの不思議な魅力の源でもある。どんなに丁寧にスキンケアをしても（これについてはのちほど詳しく）、ときには日焼けによるシミや、ホルモンバランスの崩れによる吹き出物や、加齢や寝不足などの影響がお肌に出ることもある。そういうときこそ、ファンデーションの出番。自分の肌にぴったりのファンデーションを選べば、肌色のトーンが均一になめらかになって、それこそ七難を隠してくれる。

肌は洗いすぎない

素肌の状態がよければこそ、メイクもきれいに仕上がるもの。だから、スキンケアはとても大切。

お肌の状態が悪くなる原因は、ストレス、ダイエット、喫煙や日焼けなど健康に悪い生活習慣、ホルモンバランスの崩れ、睡眠不足、カフェインの摂りすぎなどさまざま。ほかにも、思いがけないことがお肌の状態に影響する場合もある。

でもうれしいことに、凛とした態度や振る舞いを心がけるようになると、ストレスの原因となるできごとが起きても、たいていはうまく切り抜けられるようになる（このことについては、本書の後半で詳しく）。信じられないかもしれないけれど、自分の内面を見つめて磨いていくうちに、お肌の状態までよくなってくるのだ。

たとえば、体や美容によいものを食べようという意識が高まるから、油っぽいジャンクフードをたいらげるようなことはしなくなる。落ち着いた気分で、大切なことに集中できるようになる。しっかりと自信を持ち、厄介な状況を毅然と乗り切れるようになる。大変なことが起きて、以前ならやつれ顔になっていそうなときでも、問題に振り回されなくなる。

なにはともあれ、手抜きをせず、丁寧なスキンケアをしよう。

まずは、自分に合ったスキンケアの方法を見つけよう。ポイントは、朝の洗顔のときに、洗いすぎないように注意すること（わたしはぬるま湯で顔を洗うだけ。そのあとローションで保湿して、日焼け止めクリームを塗ってからメイクをする。とにかく、洗いすぎないことがいちばん重要！）。

もうひとつのポイントは、夜はメイクを完全に落とすこと。わたしはアイメイクを専用のリムーバーで落とし、ファンデーションをメイク落としシートで拭き取ってから、洗顔クリームで洗ったり、角質を除去したりする。

あとは、お肌だけでなく、目元や唇にも使える保湿クリームを選ぶこと。定期的にフェイシャルマッサージを行うのも忘れずに（プロに頼んでも、自分でやってもOK）。睡眠をたっぷり取り（そのためには早く寝ること！）、水分をじゅうぶん摂ること。

大変なことがあったときは、深呼吸をしよう。1日のなかで、ひとりで静かに過ごせる時間を何度か持つようにすると、とても効果的。


きちんとした身だしなみは、外見を整えるのに欠かせない要素。身だしなみが整っているのは自尊心の表れであり、それにふさわしい装いを日ごろから心がけているしるしだから。このように細部をおろそかにしないことが、凜とした魅力の重要な要素なのだ。

Chapter 5

きびきびと美しく振る舞う

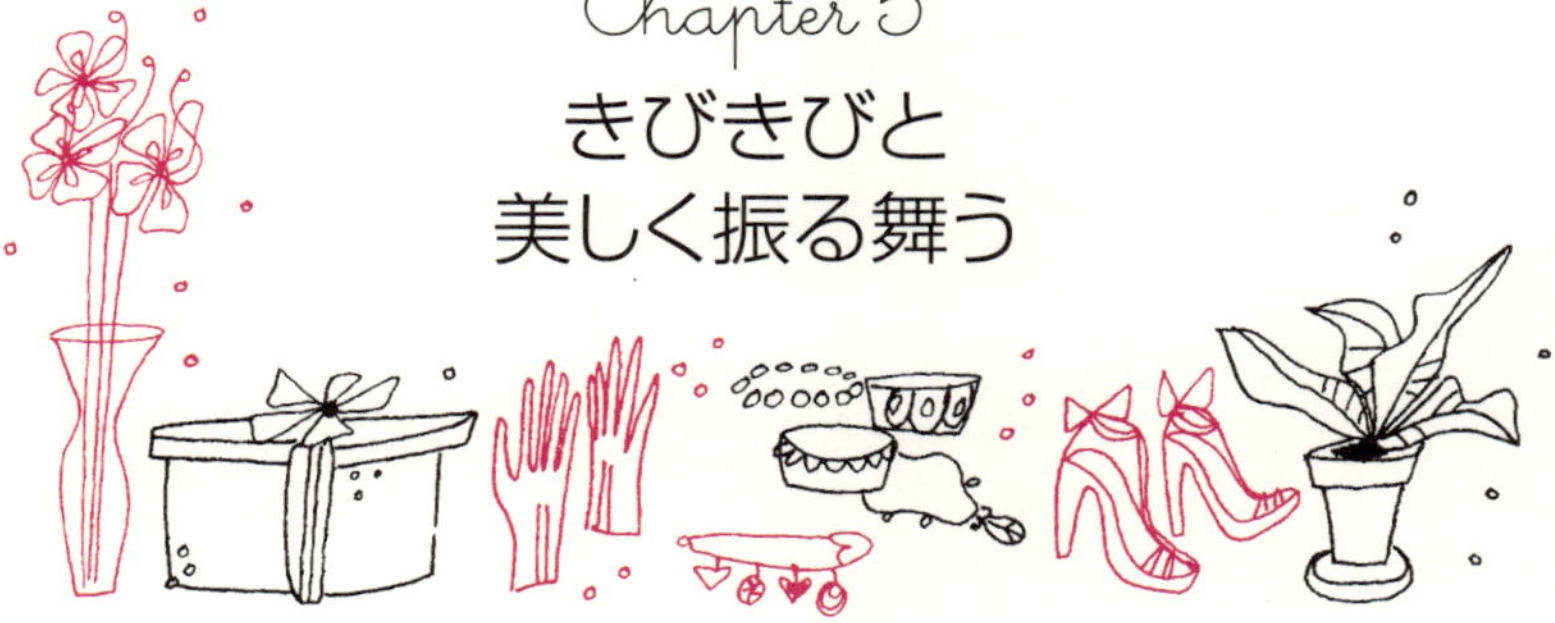

凛とした魅力は、自分という存在をどのように表現するかに関わっている。自分らしいスタイルのある着こなし、メイク、きちんとした身だしなみは、どれもわたしたちの印象を左右する重要な要素だけれど、もうひとつ大事なものがある。ある意味では、もっとも重要な要素と言えるかもしれない。

それは、立ち居振る舞い。立ったり座ったりする動作にともなう、体の動かし方のことだ。

どんなにおしゃれな服を着て、素敵なヘアスタイルをしていても、立ち居振る舞いが美しくない大人の女性は、祖母の言葉を借りれば、「若作りしたおばさん」にしか見えない。

姿勢は心の状態を表す

エレガンスを、うわべだけで中身のないファッションのことだと勘ちがいしている人が多い。それは大きなまちがいだ。

人間はみずからの行動や姿勢にこそ、
エレガンスを心がけるべきである。
なぜならエレガンスとは、品位、気立てのよさ、
落ち着き、調和と同じ意味だから。
――パウロ・コエーリョ

姿勢とは、凜とした態度が体に表れたもの。そのときの心の状態が、そのまま映されてしまう。疲れ果てて、ぐったりとしてしまったとき。物事がうまく行かなくて、あきらめかけているとき。落ち込んでいるとき。不安なとき。そういうときは、あなたがなにも言わなくても、周りの人たちはあなたの姿勢を見ただけで「なにかあったな」と気づくはず。

大変な状況にあるときは、自分の姿勢に注意してみよう。前かがみになって、首がちぢこまり、肩に力が入っていないだろうか？　そのいっぽう、お腹には力が入っていないのでは？

そんな状態に気づいたら、しゃんとしよう。体幹の筋肉（コアマッスル）にぐっと力を入れる。ゆっくり深呼吸をして緊張を解き、肩を回してほぐそう。そして、頭をぐっと高く上げる。

姿勢を正すと、気持ちが引き締まる。困難に負けない強さを持って、立ち向かっていけ

るはずだ。

では、大変なことがあったわけではなく、つねに姿勢が悪い場合はどうだろう？　毎日、何時間もパソコンに向かっている人は、自然と猫背になってしまうかもしれない。わたしは高校生のとき、吹奏楽部でサックスを担当していたのだけど、重たい楽器を支えるストラップを首から下げていたので、どうしても猫背になりがちだった。あれからもう何年も経つのに、いまでもつい猫背になってしまうので気をつけている。

つねに自分の姿勢を意識するように心がけよう。パソコンの前に長時間座ったあとは、席を立って、両肩と両腕を後ろへぐるぐると回して、前かがみの姿勢を直す。なにをするときも、どんな姿勢になっているかを意識して、自分の弱点を知ろう。疲れていると、ついだらしない姿勢になりがちだろうか？　ストレスを感じると呼吸が浅くなって、肩に力が入ってしまうだろうか？

「また姿勢が悪くなってるな」と気づいたら、深呼吸をして姿勢を正そう。

また、食事中の姿勢はとくに重要。背筋をすっと伸ばして食事をいただいたほうが、ずっとおいしく感じる。試しに夕食のとき、わざとお腹の力を抜いて、猫背になって食べてみたらわかるだろう――何とも味気ない、わびしい気分になるはず。噛み砕かれた食べ物が、ただ胃の中へ落ちていくだけ。

わたしも食事中、猫背になっているのに気づくことがある。夕食の席に着くときは、仕事や料理や家事で疲れ切っていることが多いから、やっと座れたときくらい、ひと息ついて、くつろぎたくなってしまう。

でも、そんなときこそ姿勢が重要なのだ。きちんと座ったほうが、料理をおいしく味わえるし、どれくらいの量を食べているかも意識できる。そして、食事中の会話も楽しもうという気になる。

背筋を伸ばして食卓に着けば、エレガントで上品な雰囲気が生まれる。そしていちばん大切なことは、あなたが美しい姿勢で食事をすれば、家族によいお手本を示せるということ。

よい姿勢の思いがけない効果

よい姿勢を心がけていると、なにごとにつけてもよい選択を行い、望ましい行動を取れるようになる。たとえば着るものを選ぶときや、ぐずっている子どもの相手をするとき、夕食をいただくときなど、さまざまな場面で思いがけない効果が表れる。

朝、クローゼットの前に立って服を選ぶときも、背筋をすっと伸ばしていれば、だぶだぶのスウェットパンツを着ようとは思わないはず。晴れやかな気分にぴったりのおしゃれをしたくなるはずだ。

子どもが機嫌が悪くてかんしゃくを起こしたときも、しゃんと背筋を伸ばして、穏やかな呼吸を心がければ、落ち着いて対処できる。姿勢を正すことで、「わたしは大人なのだから、感情的にならずに冷静に対処しよう」と自分に言い聞かせることができるのだ。

家でくつろいでいるときも、姿勢をよくしていれば、チーズクラッカーを手づかみでむしゃむしゃ食べたりはしないはず。ただ姿勢をよくするだけで、思いがけない効果が表れることを、ぜひ実感してほしい。

胸を開いてあごを引く

なぜ姿勢をよくする必要があるのか、その理由をあらためて認識するために、ひとつエクササイズをやってみよう。

まず立ち上がって、わざと悪い姿勢を取ろう。肩がちぢこまって前かがみになり、あごが下がっているのに気づいただろうか？　お腹も骨盤も前に出て、ひざは曲がり、猫背になっている。こんな姿勢をしばらく続けていると、まるで重力がいつもより強くなったかのように、下に引っ張られる感じがする。

では、こんどは姿勢をよくして、体がどんなに軽くなるかを実感しよう。ちぢこまった両肩を左右にしっかりと開いて、下げる。こうすると、狭くなっていた胸の部分が開いたのがわかるだろう。あごを上げて頭をまっすぐにしたら、少しあごを引く。頭の中心から糸が伸びて、まっすぐ上に引っ張られているつもりになると、わかりやすいかもしれない。お腹のコアマッスルに力を入れ、骨盤を少し引き締める。そして、背筋を伸ばそう。腕やひざには力を入れない。

さっきとくらべて体がずっと軽くなり、呼吸もしやすくなったのに気づくはず。ほんの一瞬で、大きな変化が起きるのだ。どんなことにも立ち向かえるような気がしてくるから、不思議!

正しい姿勢を取るには、注意すべき点がたくさんあるけれど、毎朝、起きたときに練習すれば、そのうち意識しなくても自然に正しい姿勢を取れるようになる。少しでも姿勢が悪くなると、気持ちが悪いと感じるようになるはずだ。

Chic Tips 姿勢をよくするエクササイズ

いまから夜寝るまで、姿勢に最大の注意を払ってみよう。歩くときもよい姿勢を意識して、まるでグレース・ケリーが乗り移ったかのように、エレガントに歩いてみる。

姿勢をよくすることで、生活にどんな変化が表れるかを観察しよう。ふだんの自分とちがうから、「ごっこ遊び」でもしているような気分になるかもしれない。あるいは、堅苦しくて不自然だと思うかもしれない。それでも1日の終わりまで、ずっと続けてみよう。

寄りかからない

わたしの悪い癖は、すぐに寄りかかること。たとえば家で料理をしているときも、銀行の窓口でも、カウンターの前に立つとつい寄りかかってしまう。寄りかかるのはやめて、まっすぐに立とう——わたしには自立してやっていける強さがある、と表現するつもりで。

Chic Tips バレリーナの美しい姿勢の秘訣

うれしいことに、ロサンゼルス・バレエ団のプリンシパル、アリッサ・ブロスに、バレリーナの美しい姿勢の秘訣をたずねることができたので、ぜひご紹介したい。

バレリーナたちは姿勢が美しいことで知られている。肩が開いて、背骨がまっすぐだから、姿勢があんなにきれいなのだろうと思いがちだけれど、ただまっすぐに立っているだけでは、姿勢が美しいとは言えない。なぜなら、姿勢の美しさは立ち居振る舞いの美しさでもあり、それは内面から始まって外面に表れるものだから。

自分の体と姿勢をコントロールするには、まず心をコントロールする必要がある。わたしたちの考え方は、行動にも体にも影響をおよぼすけれど、それだけではない。自分を大切にできるかどうかも、考え方によって決まる。

美しい姿勢を保つための秘訣は、つぎの5つ。

1. 自分を大切にする
2. 自信を持つ
3. 運動する（強くしなやかな筋肉は、美しい姿勢を保つのに役立つ）
4. あごを上げ、首を長くする
5. 相手と視線を合わせる

なめらかに静かに歩く

では、姿勢をよくして散歩に出かけよう。あなたはどんな歩き方をするだろう？　自分がどんな歩き方をしているか、考えてみたことはあるだろうか？　歩幅は大きいほう？　それとも小刻みで小さいほう？　ドタドタと勢いよく歩く？　それともなめらかに静かに歩く？

わたしは家のなかでも、階段の上り下りでも、つい勢いよくドタドタと歩いてしまう。ドタドタと音を立てて歩くのは、あまり上品な歩き方とは言えない。てきぱき動くのはいいけれど、足に体重をかけすぎなのだ。馬が蹄《ひづめ》を鳴らして歩くのはかっこいいけれど、人間はダメ。

わたしは凛とした女性になろうと決心したとき、ドタドタした歩き方はやめて、なめらかに静かに歩こうと思った。なめらかに歩く人は足取りが軽く、体がしなやかで、身のこなしが優雅。てきぱき動くにしても、静かに歩いたほうがずっとエレガントだ。

なめらかに歩くには、軽やかに歩くこと。そうすれば、足に体重がかかりすぎないから、歩くたびに大きな音を立てずにすむ。優雅に歩くには、体の重心を引き上げて、足運びを軽やかにする。そうすれば、水のなかに沈んでいきそうな足取りでなく、空を浮いているような足取りになる。

*ハイヒールで美しく歩く方法

ハイヒールで美しく歩くのは、なかなか難しい。慣れないハイヒールのせいでよちよち歩きになり、つんのめりそうになっている女性もたくさんいる。そうならないようにするには、最初につま先で地面を踏むのでなく、かかとからつま先の順に下ろすこと。

つま先のほうが地面に近いので、つま先から着地したくなるけれど、かかとを先に下ろすことで、足運びの安定感が増すのだ。それには姿勢をよくして、背中を少し後ろに反ると歩きやすい。

フラットな靴のときより、歩幅を少し狭くしよう。そのためには少しゆっくり歩く必要がある。試しに家のなかでハイヒールを履いて、歩く練習をしてみよう。

ハイヒールでうまく歩けない人は、中くらいの高さのヒールか、ローヒールの靴を試してみよう。マダム・シックはハイヒールを1足も持っていなかった。いちばん高いヒールで5センチくらい。ほとんどのヒールは3センチ以下だった。

ヒールが低いほうが快適に感じる人は、無理してハイヒールを履く必要はないと思う。わたしが持っている靴のなかでも、ローヒールのほうが多いのは、まさにその理由のせいだ。

人との接し方

立ち居振る舞いとは、たんに姿勢や所作のことだけではない。人に対する振る舞いや接し方も含まれる。あなたは周りの人にどのように接しているだろう？ 平気で人を無視したりしていないだろうか？ 凛とした態度や、美しい立ち居振る舞いを心がけている人は、社会の一員として心が開かれ、周りの人に親切に振る舞っているはず。

話すときは視線を合わせる

最近、視線を合わせる人が少ないような気がする。知っている人にあいさつするときも、店員さんになにかをたずねるときも、相手の目を見ない人が多い。同僚と話すときでさえ、視線を合わせなくても用件がすんでしまう。とくに若い人たちは、相手の目をまっすぐ見つめるより、視線をそらしがちのようだ。なぜ視線を合わせることに憶病になってしまうのだろう？

相手と視線を合わせることは、しっかり握手をするのと同じで、美しい立ち居振る舞いや凛とした魅力には欠かせない重要な要素だ。また、相手と視線を合わせるのは自信の表れであり、やましいことがない証拠でもある。

わたしたちは視線を合わせることで、「どうぞ安心して、信頼してください」というメッセージを相手に伝えているのだ。そして会話のときに相手の目を見つめることで、「あなたの話をちゃんと聞いていますよ」というメッセージを伝えている。

シャイな人や内向的な性格の人にとっては、相手と視線を合わせるのは、ひどく気が引けるかもしれない——目を見れば、相手がどんな人物かよくわかるから。多くの哲学者が、目にはその人の魂がありのままに映されると言っている。

もしあなたも人と視線を合わせるのが苦手なら、少しずつ慣れて克服していこう。誰かと話すときは、相手が話しているときだけでなく、自分が相手に向かって話すときも、ちゃんと視線を合わせる。息を止めずに、安定した呼吸を心がけよう。そのうち、気まずい感じがしなくなって、心が落ち着いたのに気づくだろう。相手と視線を合わせることで、力と勇気が湧いてくるのだ。まるで解き放たれたように、うれしい気持ちになるはず。

パーティーで出会って立ち話をしている相手が、あなたのほうを見ないでよそ見ばかりしている——そんな経験はないだろうか？　そんなとき、あなたはどう感じただろう？

相手の目を見て話すとき、あなたは「いま、この瞬間」に集中し、相手の話にも集中することができる。だから誰かと話すときは、ちゃんと視線を合わせよう。その人もあなたの目を見て話すかもしれないし、あるいは視線を合わせるのが苦手で、あなたのほうを見ないかもしれない。それでも、あなたは相手の目を見よう。相手が視線を合わせるのが苦手だからといって、同じようにする必要はない。むしろこちらが視線を合わせようとすることで、相手は安心するはず――あなたは信用できる人で、やましいことはなにもないとわかるから。

パーティーで立ち話をするときも、あなたが相手の話を熱心に聞けば、相手は「この人はわたしの話に興味を持ってくれる」と思い、うれしくなる。だからと言って、会話中ずっと相手の目をじーっと見つめ続けるわけにはいかないし、ときどき視線をそらすのは、まったくかまわない。でも会話を楽しむためにも、意識的に視線を合わせよう。

自分に恥じない行動を取る

美しい立ち居振る舞いとは、背筋を伸ばしたり、優雅に歩いたり、視線を合わせたりすることだけでなく、自分に恥じない行動を取ることでもある。

あなたは周りの人にどのように接しているだろう？　やさしく親切にしている？　それ

とも怒りっぽくて無愛想？

凛とした態度や、美しい立ち居振る舞いを心がけている人は、社会の一員として心が開かれ、周りの人に対して親切に振る舞うもの。

ところが、わたしたちはつい自分のことばかり考えて頭が一杯になってしまうと、無愛想な態度や失礼な態度を取ってしまう。日常生活で接するどんな人に対しても、礼儀正しく振る舞うのを習慣にしよう。なぜなら人に対する態度には、その人の価値観や、人生でなにを重要だと思っているかが、如実に表れるから。


美しい立ち居振る舞いを心がけようと思ったら、人が見ていようがいまいが、どんなときでもつねに実践する必要がある。あなたのよい行いも悪い行いもすべて、世の中に影響をおよぼすからだ。朝から晩まで、外ではどんなに立派な行動や振る舞いを心がけても、夜、家に帰ったら、パソコンの前に座って意地悪な匿名のコメントを書き込んでいるような人は、凛とした態度や振る舞いが身についているとは言えない。

そういう人は、あらゆる行動をおろそかにしてはいけないことをわかっていない。人が見ているときだけ、自分の仕業だとわかってしまうときだけ、態度を変えてもダメなのだ。

では車を運転するときは、どのように振る舞うべきだろう？　たとえば、仕事が終わって車で家に帰る途中、いきなりクラクションを鳴らされた。あなたは危険なことや迷惑なことはなにもしていないので、かっとなる。

いったい何なのよ！　頭がおかしいんじゃない？　ラッシュアワーなんだから、道が混んでるのは当たり前でしょ！

そんなとき、こんどは別の車が猛スピードでやってきて、あなたの車を無理やり追い越した。ブチ切れたあなたはいまにもアクセルを踏み、クラクションを鳴らしそうになる。窓からこぶしを突き出して、あのバカ野郎に罵声を浴びせてやったら、どんなにスッキリするか！

けれども、つね日ごろから美しい立ち居振る舞いを心がけていると、すんでのところでぐっと踏みとどまれる。そんなことをしたら、相手と同じレベルになり下がってしまう。自分の行動や振る舞いの基準を低くしてしまうことになる。

そんなときは、深呼吸をして頭を冷やし、運転に集中しよう。放っておけば、そのうち相手もあきらめて、行ってしまうだろう——別の車に嫌がらせをするために。

あなたは相手の愚かな行動に引きずられて、自分の行動基準を下げたりはしなかった。長い目でみれば、そのほうがはるかに満足感が大きいはず。

相手の愚かな行動に引きずられて自分のレベルを落とさなければ、誇らしい気分になれる。では、大勢の人たちが問題行動を起こしているときはどうだろう？

テレビのニュース番組で、ブラックフライデー〔アメリカで大規模なセールが実施される11月の第4金曜日。感謝祭の翌日〕や、クリスマス商戦後のセールの風景を見たことがあるだろうか？

多くの人たちが夜明け前に起き出し、真っ暗で寒いなか、店の前に行列をつくり、開店と同時に店内へなだれ込む。押し合いへし合いしながらセール品を取り合い、ときにはつかみ合いになる。ふだんはまともな人たちが、物欲に駆られてとんでもない行動に出てしまうのだ。ワッフルメーカーやドールハウスを奪い合って、あちこちで激しいケンカが始まる。まったく、美しい立ち居振る舞いなどあったものじゃない。あなたもそんなニュース映像を見て、眉をひそめながら笑ったことがあるのでは？

けれども、凛とした魅力のある人たちは自分の価値観をしっかりと持ち、人生でなにが重要かをよくわかっている。だから、そんなふうに自分を見失うことがない。

「みんながやっているから」を理由にしない

たとえば、アメリカの伝統的な休日である感謝祭の過ごし方を見てみよう。感謝祭は、1年のなかでもっとも素敵なお祝いごとのひとつ。家族や親せきが集まって、ごちそうの並んだテーブルを囲み、さまざまなことに感謝して過ごす。まだいちおう、いまのところは商業化されていない祝日と言えるだろう——感謝祭はみんなでごちそうを分かち合い、感謝をとおして絆を深め合う日だから。

以前は、感謝祭の日は祝日にふさわしく、商店は軒並み閉まっていた。ところが最近では、感謝祭の夜に開店する店が増えて、多くの人がセールに駆けつけるようになった。家族で暖炉を囲んでゆったりと過ごすのをやめ、大勢の人たちと争うようにして、お気に入りの店に駆けつける。いったい何のために？　ただ物を買って増やすだけなのに。そういう人たちは、価値観と物事の優先順位がおかしくなっている。

マダム・シックがウォルマートの窓をバンバン叩いたり、ブラックフライデーのセールに必死で駆けつけたりする姿なんて、想像もできない。マダムの美しい立ち居振る舞いを考えれば、そんなことはまちがってもありえないから。

お祭り騒ぎの大バーゲンが開催されると、行ってみたくなったり、お得なセール品を手に入れられないのは、損のような気がしたりするかもしれない。でもそんなときこそ、あなたの凜とした態度が物を言う。凜とした魅力のある人は、自分にとって大切な物事の優先順位をよくわきまえているはず。

新しいブレンダーを半額で手に入れるのと、家族や親せきで集まって、みんなで感謝しながらかけがえのない時間を過ごすのと、どちらが大切か。

見知らぬ女性と特売品のドライヤーを奪い合うのと、久しぶりに再会したいとこたちと暖炉のまえでくつろぎ、夜遅くまでボードゲームを楽しむのと、どちらがいいか。

考えるまでもないはずだ。

凛とした魅力のある人は、群れたりつるんだりすることを嫌う。「みんなもやっているんだから、わたしもやらなきゃ」とは考えない。たとえ大勢の人たちがやっていることでも、自分の行動基準に照らし合わせて、行うべきでないことはしない。なぜなら、行動にはその人の内面や人格が表れることを、よく知っているから。そして、どうせなら周りの人たちのお手本となれるように、美しい立ち居振る舞いをしようと心がけているから。

＊＊＊

つねによい姿勢を心がけ、相手と話すときは視線を合わせよう。そして、身のこなしや行動に気を配ろう。美しい立ち居振る舞いを心がけるのは、とても楽しいこと。たとえ失敗しても、自分でそれをしっかりと自覚して、つぎに生かせばいい。

美しい立ち居振る舞いは、凛とした魅力を身につけるには欠かせない重要な要素。あなたの心がけしだいでは、それほど時間をかけなくても、習慣として身につけることができる。

Chapter 6

コミュニケーションで魅了する

言語・非言語を問わず、コミュニケーションのしかたは、その人の性格をおおいに物語る。ところが、わたしたちはつい、凛とした態度や振る舞いにふさわしくない話し方をしてしまう。

いまからさっそく、ふだんの生活でどんな話し方をしているか注意してみよう。どんな言葉を遣うか、そしてどのような言い方をするかは、わたしたちが思っている以上に大きな効果を持っている。

意識して話す

他人の話し方が気にさわっても、
どうすることもできない。
でも、自分の話し方なら
いくらでも直すことができる。

——エミリー・ポスト

素敵な話し方も、凛とした魅力に欠かせない重要な要素のひとつ。話し方が素敵な人に出会ったときは、すぐに気づくはず。そういう人は知的で、落ち着いていて、信頼できる感じがするし、不思議な魅力《ジュ・ヌ・セ・コワ》がある。それにとても率直で、自信を持っているのがわかる。

マダム・シックとムッシュー・シックは、パリの瀟洒《しょうしゃ》なアパルトマンに住んでいた。あの家の格調高いリビングルームには特別な雰囲気があって、「きちんとおしゃれをしよう」「姿勢を正して座ろう」という気持ちになった。

マダム一家はテーブルマナーも美しく、わたしももっとマナーを磨いて、食事中の姿勢にも気をつけようと思うようになった。

話し方の素敵な人には、それと同じような効果がある。わたしたちはそういう人に出会うと刺激を受け、自分も素敵な話し方をしようと心がけるようになる。その人を見習って言葉遣いに気をつけ、汚い言葉や、スラングや、「えーと」「あー」など、意味のないつなぎ言葉をむやみに遣わないように注意するようになる。

話し方の素敵な人は、大事なことを思い出させてくれる。それは、わたしたちもみんな、周りの人に見られているということ。わたしたちが素敵な話し方を心がければ、周りの人たちもそれに影響されて、よい効果が生まれるのだ。

口にする前に言葉を選ぶ

凛とした魅力のある人は、汚い言葉は遣わない。凛とした魅力を身につけたいと思っているのに、汚い言葉を遣ってしまう人は、そろそろちゃんとしたほうがいい。

そういうわたしも、ずっとお手本のような言葉遣いをしてきたわけではない。10代のころは罵《のの》り言葉を遣うのがかっこいいと思っていたから、友だちと話すときはわざと汚い言葉を遣って、みんなで盛り上がっていた。

けれども20歳のときパリに留学して、ホストマザーのマダム・シックがいつも言葉遣いに気をつけているのを見てからは、友だちと汚い言葉を遣って話すのが、楽しいとは思えなくなった。それどころか、下品で乱暴としか思えなくなった。そして、凛とした魅力のある女性になろうと決心したとき、もう絶対に汚い言葉遣いをするのはやめようと思ったのだ。

言葉遣いをきれいにするのは、簡単にはいかない場合もある。わたしもつま先をぶつけたりしたら、とっさに乱暴な言葉が出てしまうかもしれない。でも、そんなことでもないかぎり、わたしはいつも自分の言葉遣いに気をつけている。

言葉遣いをきれいにしようと思ったら、音楽やテレビの娯楽番組なども慎重に選ぶ必要がある。先日、夫とわたしはケーブルテレビでいま人気の探偵ショーを観ることにした。周りの人たちが「最高に面白い」と言っているので、ぜひ観てみようと思ったのだ。

けれども第1話が始まって25分もすると、観ていられなくなった。「もう消しましょう」と言うと、夫も「そうだね」と答えた。どんなにショーの仕掛けが面白くても、10秒おきにFワードが飛び出てくるようでは、聞くに堪えない。日ごろからきれいな言葉遣いを心がけているので、汚い言葉や下品な言葉をあまりに連発されると、目の前の美しいティーカップに、真っ黒い大きな蠅《はえ》が浮かんでいるような感じがして、ぞっとしてしまうのだ。

そう考えると、わたしがイギリスのドラマ「ダウントン・アビー」が大好きなのは、登場人物たちの言葉遣いが美しいからかもしれない。ほかにも理由はたくさんあるけれど、美しい言葉遣いが大きな魅力のひとつなのは、まちがいない。

言葉遣いがますます乱れ、汚い言葉が堂々と遣われている世の中で、あなたはどう振る舞うべきなのだろうか？　人前で、とくに小さな娘たちの前で汚い言葉を遣う人に出くわすと、いい加減にして、と文句を言いたくなる。けれど、そこはぐっと我慢。それよりも、みずからよい見本を示したほうがずっと効果的だと思うから。

たとえばランチをしているとき、女友だちがサラダを食べ、アイスティーを飲みながら平気でFワードを連発しても、一緒になって汚い言葉を遣わないこと。あなたは終始堂々と、美しい言葉遣いをしよう。そうすれば、その友だちもはっとするかもしれない――あるいは、なにも感じないかもしれないけれど、それはどうでもいいこと。

大切なことは、あなたは自分の言葉遣いが世の中に影響をおよぼすことを意識して、きれいな言葉遣いを心がけているということ。周りの人たちはきっと、あなたの知的で落ち着いた話し方に魅力を感じるはず。

マダム・シックは絶対に汚い言葉を遣わなかった。「ちぇっ《ズュタロー》」なんて言葉が、マダムの口を突いて出ることなどありえなかった。マダムを見習って、わたしも丁寧な言葉遣いを心がけたいと思っている。

「えーと」「みたいな」を連発しない

「えーと」と「みたいな」は、いまの世の中でいちばんよく遣われる、耳ざわりな言葉。わたしもつい言ってしまうし、ジェネレーションX（1960年代初め〜70年代生まれ）以降の世代の人たちは、たぶんみんなそうだろう。

そのうえわたしのように南カリフォルニア生まれだったら、もはや希望は持てないかもしれない（冗談だけど！）。バレーガール・スラング（カリフォルニアのサンフェルナンド・バレー出身の女の子たちの話し言葉）が染みついてしまったせいで、このあたりの若い女性たちの話し方は、いかにも頭の悪そうな感じがして、とてもじゃないけれど凛とした知的な魅力は感じられない。いったいどうすればいいのだろう？

まず必要なのは、自覚すること。「みたいな」を連発していないだろうか？ なにを言うべきか、言葉に詰まるとすぐに「えーと」と言っていないだろうか？ 40代なのに、まるで17歳の女の子のような話し方をしていないだろうか？ 会話中に沈黙が訪れると、とたんに居心地が悪くなって、「えーと」や「みたいな」を連発していないだろうか？

あなたもわたしと同じように「えーと」や「みたいな」をやたらと遣ってしまうようなら、「いったいどうしてだろう？」と考えてみよう。

多くの人は会話がとぎれそうになると、どうでもいいようなことをしゃべり続けてしまう。「えーと」や「みたいな」などのつなぎ言葉やスラングを遣ってしまう背景には、ひょっとしたら社交不安の問題が潜んでいるかもしれない。どうにかして沈黙を埋めたいのだ。

こんど誰かと話しているときに会話がとぎれそうになったら、「どうしよう」とあせっている自分に気づき、観察してみよう。なぜ沈黙を気まずいと思ってしまうのだろう？

なぜ沈黙を避けるために、必死にしゃべってしまうのだろうか？

沈黙が訪れても、そのまましばらく黙っていたらどうなるだろう？　もしかしたら、緊張のあまり体がこわばってしまうかもしれない。落ち着かない気分になるかもしれないけれど、そのまま乗り切ろう。くだらないおしゃべりを続けるより、黙っていたほうがずっといい。それに、ときには黙っている時間があったほうが、ちゃんと考えながら話すことができる。


わたしもつい「えーと」や「みたいな」を言ってしまうことがあるのは、自覚していたつもりだった。けれども、それが思っていた以上にしつこい癖になっていることに気づいたのは、YouTubeの動画を撮影するようになってからだった。

自分の動画を見て、びっくり仰天した。「えーと」や「みたいな」が、口からぽんぽん飛び出してくる。そんなこと、ちっとも気づいていなかった！

撮影後に動画を見直して、はじめて自分の話し方は凛とした魅力に欠けていることに気づいたのだ。ありがたいことに、動画の「えーと」や「みたいな」はすべて編集でカットできたけれど、実際の会話ではそうはいかない。

あなたも自分の話し方をよく認識しよう。そわそわして、なにを言っていいかわからないときは、「えーと」や「みたいな」を連発するより、黙っていたほうがいい。

若者言葉は遣わない

ホームステイの初日、はじめてムッシュー・シックとマダム・シックに出会ったあの日、わたしはマダムに言葉遣いを直された。フランス語のスラングで「知らない《シェ・パ》」と言ってしまったのだ。マダムはさぞかしぎょっとしたにちがいない──これから半年間も、アメリカ風のアクセントでフランス語のスラングを話す女の子と一緒に暮らすなんて。そこで、マダムはすかさずわたしに注意した。

「知りません《ジュ・ヌ・セ・パ》、でしょ、ジェニファー」

これはわたしにとっていい教訓になった。この家では言葉遣いに注意しよう、と肝に銘じた。いま振り返っても、マダムが初日にはっきりと注意してくれたのは、ありがたいことだと思っている。もしあのとき見逃されていたら、おバカな女の子みたいなしゃべり方を続けていたにちがいないから……。

若いときは、みんなスラングを遣いたがる。でも大人になって年齢を重ねるほど、若い人たちの言葉遣いに戸惑いを感じるようになる。あなたもきっと動画やテレビで、若い子たちがなにを言っているのかわからなかったことがあるはず。たしかにティーンの子たちにとっては、最新のスラングを遣うのは面白いし、友だち付き合いに欠かせない道具だ。

でもわたしたちは、はっきりときれいな言葉で、知性をもって、凛とした態度で話そう。美しい言葉遣いを心がけていると、想像以上によいことがたくさん起こる。仕事の面接でも好印象を与えることができるし、知的で気の合う仲間にも恵まれる。若い人たちを指導する立場になって、尊敬されることもあるだろう。周りの人たちは、そんなあなたの変化に必ず気がつくはず。

だから、若いころはどんな言葉遣いをしていたとしても、あるいは、きのうや今朝もついうっかり、汚い言葉やスラングを遣ってしまったとしても、あなたには変化を起こす力がある。言葉遣いをきれいにして、はっきりと知的に話す勇気を持っている。

あなたにも凛とした魅力のある話し方ができる。言葉遣いを意識的にきれいにすれば、思いがけない可能性が開けるはず。

Chic Tips 言葉遣いをきれいにする方法

・よく本を読む
・古典文学を読む
・毎日ひとつ新しい言葉を覚えて、さっそく遣ってみる
・自分の言葉遣いに注意する
・汚い言葉を遣わない
・「えーと」や「みたいな」を連発しない
・新しいスラングの意味は知っていても、自分では遣わない
・話すまえに少し黙って考える
・沈黙に慣れる
・オーディオブックの上手な朗読を聴いて、刺激を受ける
・パーティーなど社交の場では、緊張をごまかすためにくだらないことをしゃべるより、黙っていたほうがよい

ほめ言葉は素直に受け取る

思いがけず誰かにほめられたとき、「ありがとう」と答えるのはけっこう難しい。あなたはほめ言葉を素直に受け取れるだろうか？　それともつい卑下したり、受け流したりしてしまう？

あなたもこんな受け答えをしていないだろうか。

「きょうの○○さん、きれい！」
「やだ、こんなひどい格好よ」

「髪がとっても素敵」
「シャンプーしたばかりだからでしょ！」

「素敵なワンピースね」
「え、これ？　もう古いのよ。セールで買ったの！」

ほめ言葉をこんなふうに受け流すのは、贈り物を突き返すようなもの。実際に誰かにプレゼントをもらったら、「けっこうです！」なんて突き返したりはしないはず。

だからほめ言葉という贈り物をもらったときも、喜んで素直に受け取って、「ありがとう」と言おう。

わたしたちはつい、自分を卑下しがち。自慢をするのは嫌だし、うぬぼれ屋だと思われたくない。自分のほうが優位に立って、相手に引け目を感じてほしくない。

そういう気持ちはどれも大切だけれど、だからと言って、自分をへんに卑下する必要はない。誰かがほめてくれたときは、ただ「ありがとう」と言おう。

「きょうの○○さん、きれい！」
「ありがとう！」

「髪がとっても素敵」
「ありがとう！」

「素敵なワンピースね」
「ありがとう！」

凛とした態度や振る舞いを身につけるにつれて、あなたはほめ言葉をたくさん受け取るようになる。周りの人たちは、あなたが変わったことに気づく。どこがどう変わったのか、はっきりとは言えなくても、たしかに雰囲気が変わったことに気づくのだ。以前より自信に満ちているし、どこかミステリアスな感じがする。そうすると、相手は自然とほめたくなる。

だから、「ありがとう」と言えるように、心の準備をしておこう。あなたのことを見ている人たちは、あなたの変化に必ず気がつくから。

したくないことは、感じよくきっぱりと断る

きょうはストレスの多い1日。仕事の締め切りがあるのに、風邪をひきそうな予感がする。しかも家が散らかっていて、もううんざり。夕食の買い物に行く必要があるけれど、そんな時間があるかどうか……。

ところがそんな日にかぎって、朝、子どもを学校に送りに行ったら、仲のいいママ友にばったり会った。案の定、「よかったら、きょうの午後うちに遊びに来ない？」と誘われた。

以前にもお誘いを断ってしまったし、この人の子どもの誕生日パーティーにも、旅行とぶつかってしまって行けなかったのを、ずっと申し訳ないと思っていた。時間の余裕はないけれど、またがっかりさせるのは悪いと思うと、遊びに行ったほうがいいような気がしてくる。もちろん、本当は断りたいけど、気を悪くされたら困るし……。

それで結局、イエスと言ってしまう。

でも、そのあとが大変。「子ども連れでのん気に遊びに行ってる場合？」と、1日じゅうイライラして過ごす。それだけの時間があれば買い物に行けたのに！　夕食はどうするつもり？

やっぱり急に都合が悪くなったと言い訳して、断ったほうがいいかもしれない。でも、いい加減な人だとうわさをされても困るし。そんなわけで、しかたなく、子どもを連れて遊びに行くけれど、「最初にちゃんと断ればよかったのに」と、心のなかで後悔している……。

「ノー」と言うには慣れが必要。しかも感じよくきっぱりと断るには、それなりのスキルが必要だ。どうすれば感じよく、きっぱりと断れるのだろう？

それには、ぶっきらぼうに聞こえない断り方を覚えること。うそをついたり、謝ったり、言い訳をする必要はないし、ましてや罪悪感を覚えたり、反省したりする必要はない。ただ相手に対する配慮を忘れず、丁寧に、けれどもはっきりと断る。

断られた相手は気を悪くするかもしれないし、あなたに罪悪感を抱かせるようなことを言うかもしれないけれど、あなたは「これでよかったのだ」と自信を持つこと。「悪かったかな」などと、くよくよしてはいけない。

あなたの都合や事情は、あなたにしかわからない。体力や気力の限界も、自分にしかわからない。あなたの予定や優先順位は他人にはわからないことだし、ゆうべは睡眠不足だったことも、他人にはわからない。それなのに無理をしてがんばりすぎてしまったら、つらい思いをするのはあなた自身なのだ。

他人からの誘いや要求に対して、イエスと言うか、ノーと言うか、正しい判断ができるのはあなただけ。どうしても気が進まないときは、どんなにプレッシャーをかけられても、応じてはいけない。

できれば、すぐに断ってしまうのがいちばんだ。「せっかくだけど。ありがとう」と言うだけでじゅうぶん。わざわざ言い訳をしたり、適当なうそをついたりしないこと。もし相手が気を悪くしても、それはその人自身の問題であって、あなたの問題ではないから。

凜とした魅力のある人は、つまらないもめごとは避ける。率直な態度を心がけ、堂々としている。どんな誘いや要求に対しても、断るのはいっこうにかまわない。

Chic Tips 感じよくきっぱりと断る方法

「せっかくですが、けっこうです」

「残念ですが、お引き受けできません」

「その日は都合が悪いんです」

「その日は参加できません」

「私は行けないけれど、誘ってくれてありがとう」

「今回は参加できなくて残念です。またの機会にぜひ」

「私のことを思い出してくれてありがとう！　参加できなくて残念です」

本当は断るべきだったのに、イエスと言ってしまった場合はどうすればいいだろう？約束ごとはとても重要で、よほどの事情がないかぎり破るべきではない。けれども、心身の健康や安全に支障をきたす恐れがある場合は、破ってもしかたがない。

あるとき、わたしは親しい友人の家で開かれるパーティーに行くことになっていた。彼女の家までは車で1時間かかる。

出かける時間が近づいてくると、わたしは憂うつになった。どうしようもないほど、疲れ切っていたのだ。仕事がうんとたまっていて、パーティーから帰ったあとも夜遅くまで働かなければ、とても終わりそうにない。ところが、前の晩はほとんど寝ていなかった。その週は夫が出張で6日間も留守にしていたので、わたしは子どもたちの世話に追われて、ひと息つく暇もなかったのだ。娘たちを車に乗せて、近所で用事をすませるだけでもおっくうなのに、往復2時間も運転するなんて、考えただけでもぞっとした。

でも、いまさら断るのも申し訳ないと思い、元気を出して行こうと決めた。娘たちに靴を履かせようとしたら、その日はふたりともやたらと元気で、家じゅう走り回っている。そんな娘たちのあとを必死に追いかけているうちに、ふと我に返った。

いったいなにをやってるの？　もうどうしようもないほど疲れ切っているのに。こんな状態でパーティーなんか行けるわけないじゃない。

やはり断ろう。行けなくなってしまった、と言うしかない。

わたしは友人に連絡して、本当のことを伝えた。あまりにも疲れがひどくて、行けなくなってしまったと説明したのだ。翌日には電話をして、ドタキャンしてしまったことをあらためて謝った。彼女は本当の友だちだから、理解してくれた。「いいのよ、気にしないで」とやさしく接してくれた。

わたしたちはつい、相手をがっかりさせたくないと思ってしまいがち。相手を喜ばせるのはいいけれど、そのせいでどれほど無理をすることになるか……。あるいは、私か娘の体調が悪くなった、と適当な言い訳をすることもできた。そのほうが気分的にはずっとラクだったかもしれない。でもわたしは、うそはつきたくなかった――とくに、友人に対しては。そんなうそをついていたら、いつも他人を喜ばせようとするようになってしまう。

やはり、へんに取り繕わずに本当のことを言うのが、いつだっていちばんいいはずだ。本当のことを言って、成り行きを見守れば、その相手との友情がどの程度のものかがわかる。あなたの友人は理解してくれるだろうか？　許してくれるだろうか？　友人ならそうであってほしい――本当の友人なら、わかってくれるはずだ。

そして、これだけは覚えておこう。こんどはあなたが逆の立場になって、誘いを断ってきた友人を快く許すべき日が、いつかきっと来るはず。

誰にでも礼儀をもって接する

礼儀は人付き合いの基本であり、言わば「入門講座」だ。でも情けないことに、いまでは多くの人たちがこの授業の単位を落としている。

礼儀とは、「お願いします」「ありがとう」と言うのを忘れないこと。人にぶつかったときは「すみません」と言うこと。あとから来る人のために、ドアを押さえてあげること。

スーパーのレジ係から職場のビルの管理人さんまで、わたしたちは1日のなかで出会うすべての人に、礼儀をもって接する必要がある。この章で礼儀について考えるのは、よいマナーは相手に対する敬意を伝えるものだからだ。

礼儀を忘れがちな世の中だからこそ、あなたが人に対して礼儀をもって接すれば、宝石のような輝きを放つはず。携帯電話で話しながらスーパーのレジに並び、順番が来てもレジ係の人に会釈すらせず、平気で無視するような人もいる。そんな態度を取られたら、レジ係の人も腹が立つに決まっているのに。どんなに忙しくても、えらい人でも、相手の目を見て会釈したり、ほほえんだりする暇もない人など、いるわけがない。

礼儀には、子どものころに教えられる基本的なマナーも含まれる。カフェでバリスタに向かってぶっきらぼうに、「コーヒー」なんて言う人を見かけるたびに、わたしは思わず「魔法の言葉を忘れたの？」と言いたくなってしまう。「コーヒーをひとついただけますか？」と言ったほうが、ずっと丁寧だ。

わたしは以前、レストランで注文するとき、「～をください」と言っていた。けれどもある日、夫にこう言われた。

「～をいただけますか？ と言ったほうが丁寧でいいね」

なるほど。たしかに、「ください」よりも「いただけますか？」のほうが、ずっと丁寧で礼儀正しい感じがする。

車を運転するときも、マナーが必要だ。ほかの車を割り込ませてあげたのに、相手がお礼のしるしに手を振ってくれなかったことはないだろうか？ あるいは、あなたがほかの車線に割り込もうとしたとき、相手の車がわざとスピードを上げて、入れてくれなかったことは？

そんな日常的なささいなことでも、礼儀やマナーを大切にすれば、周りの人たちによい影響を与え、自分も見習おうと思う人が出てくる。自分の車を割り込ませてもらったら、お礼のしるしに手を振れば、相手の人は気分がよくなって、これからも快くほかの車を割り込ませてあげようと思うだろう。小さな感謝のしるしが、思いがけない効果をもたらすことがあるのだ。

近所の人があいさつをしない場合は、どうすべきだろう？　毎朝、道ですれちがうのに、相手は知らんぷり。それでも、あなたは毎日、明るい笑顔で「おはようございます」と声をかけよう。相手があいさつを返すかどうかなんて、気にしないこと。それは相手の問題であって、あなたの問題ではないから、たとえ向こうがあいさつをしなくても、腹を立ててはけない。あなた自身がその人を無視せずにあいさつをすることで、礼儀正しく振る舞っていれば、それでいいのだ。

でも、近所の無愛想な人がこちらを見ようともせず、まっすぐ先をにらみつけるようにして歩いて来ると、わたしもさすがに気が引けて、あいさつするのはやめようか、と思うこともある。それでも、あいさつをせず無視するほうが、わたしにとっては気持ちが悪いので、やはり必ず自分から声をかける。そうすると、男性でも女性でも、たいていは表情がぱっと明るくなり、あわててあいさつを返すことが多い。

そのいっぽう、驚いた顔でわたしをまじまじと見つめる人もいる。ただのあいさつにショックを受けるほど、冷たい世の中になってしまったのだろうか？　まあ、そうかもしれないけれど……。

凜とした魅力のある人は、礼儀を大切にする。近所の人があいさつするかしないかなんて、どちらでもかまわない。あいさつを返す人もいれば、返さない人もいるだろう。大事なことは、礼儀を大切にしたいと思っているなら、妥協しないこと。周りの人たちに合わせて、礼儀知らずになってはいけない。日ごろからマナーを大事にして、礼儀正しく振る舞おう。

時間を守るのは相手に敬意を示すこと

当然ながら、誰でも時間は守ろうと思っている。しかし、思いがけないことが起こる。渋滞に巻き込まれたり、道をまちがえたり、子どもが靴を履きたがらなかったり！けれども、予想外のどんなできごとが起ころうと、凛とした魅力のある人は、時間厳守はもっとも重要だと考えている。なぜなら時間をきちんと守ることは、相手に対する敬意の表れだから。どんなときも、時間より早めに到着するように心がけよう。ただし、ホームパーティーだけは例外（早く到着するのは、かえって迷惑になってしまうから）。

それでは、時間厳守のためのコツを5つ紹介したい。

1．予定のある日はリマインダーをセットする

予定があったことを忘れていたせいで、遅刻してしまう場合がある。ほとんどのス

マートフォンにはカレンダー機能があり、アラームがセットできる。予定の1時間前、あるいは前日にリマインダーをセットすれば、予定があることを思い出せる。リマインダーをセットするときは、訪問先の住所や駐車場の場所など、関連情報も記入しておこう。そうすれば、必要な情報を1カ所でまとめて管理できる。

2. 事前に準備を整えておく

朝早い時間に予定があるときは、前の夜のうちに準備を整えておこう。着る服は選んで出しておく。お弁当を詰めて冷蔵庫に入れておく。カバンは玄関のドアのそばに置いておく。訪問先の場所を正確に調べ、交通ルートもいくつか調べておく。

3. なにかあったときのために、時間の余裕を見ておく

初めて行く場所までの所要時間を調べたところ、20分だったとする。けれども、それは渋滞がない場合のこと。渋滞が起きたら困るので、念のため、所要時間の2倍は見ておこう。子どものしたくに手間取りそうな場合は、余裕をもってふだんより10分くらい早めにしたくをさせよう。

4. 細かいことまで調べておく

自分で車を運転して行く場合は、訪問先で車を停める場所もチェックしておく。電車やバスなど公共の交通機関を利用する場合は、あらかじめルートをいくつか検索しておこう。そうすれば、もし渋滞が起きたりバスが遅れたりしても、あわてたり、イライラしたりしなくてすむ。

5. 待ち時間を有効に使う

早く到着したときのために本を持っていくなど、待ち時間を有効に使えるように準備しておこう。家を早く出るのは、遅刻しそうになってあわてないため。早く到着しても、時間をムダにしてはもったいない。

電話・メールに返事をするタイミング

わたしたちは毎日、大量の連絡ややりとりをしている。携帯電話のメッセージや、メールや、電話などでいつでも連絡が取れるため、誰でもすぐに返事がほしいと思っている。

重要な電話やメールには、24時間以内に返事をするのが一般的なルール。でも忙しくて24時間以内にきちんとした返事ができない場合は、とりあえず「ご連絡ありがとうございました。のちほどお返事を差し上げます」と連絡しておこう。出張や休暇などで、すぐに連絡が取れない場合は、不在時用の自動返信メッセージを設定しよう。戻りしだい、折り返し連絡するように心がける。

優先順位の低いメールや電話にまで、「すぐに返事をしなければ」とあせる必要はない。さもないと、1日じゅうメールや電話の返事に追われて、ほかのことがなにもできなくなってしまう。

スマートフォンに依存しない

日常生活のあらゆる場面で見かけるスマートフォン。もはやスマホなしの生活には戻れない。人びとはまるでゾンビみたいに、スマホに釘付けになっている。レストランでも、犬の散歩中でも、映画を観ているときも、運転中も、列に並んでいるときも、授業中も、休み時間も、バレエの舞台を観ているときも、幕間の休憩時間も、カフェでも、テレビを観ているときも、子どもと一緒にいるときも、公園でも、学校でも、ミーティング中でも、絶えずスマホをチェックしてしまう。

スマートフォンの普及にともなう「スマホ依存症」のせいで、わたしたちの生活にはかつてない変化が起こっている。

スマホ依存症が増え、しかも、スマホがますます多くの機能や用途をもつツールとして手放せなくなるほど、人びとはマナーや礼儀を気にしなくなり、凛とした魅力から遠ざかってしまう。さらに言えば、こうした傾向は人びとを非社交的にするだけでなく、ひと昔前まではごく当たり前だった礼儀やマナーが失われてしまう恐れがある。

先日、散歩をしていたら、若い男性が道の角に立って、スマホの画面に釘付けになっていた。わたしが近づいて行くと、その人は目も上げずにくるりと背中を向け、塀と植え込みのほうを向いてメールを打ち続けた。

いったい何なのかしら……いつのまにあんな態度がふつうになってしまったのだろう？バーチャルな世界にどっぷり浸かっているうちに、現実社会の人間どうしの関わりが面倒になってしまったのだろうか？

凛とした魅力のある人になりたいなら、くれぐれもスマホやインターネットに依存しないように気をつけよう。

Chic Tips ちょっと！　わたし、ここにいるんですけど。

男性でも女性でも、一緒にいる友人がしょっちゅう携帯をチェックしたり、メッセージを送ったりして、落ち着かない気分になったことはないだろうか？　まるでこちらが邪魔をしているような気分になる。せっかく会っているのに、友人がほかの人と電話で長話をしていると、電話の相手よりも軽く扱われているような気分になる。

ベビーシッターに子どもを預けて外出している人が、なにかあったときのために、携帯をテーブルの上に置いておくのはよくわかる。子どもがいる人なら、きっと誰でも経験があるはず。わたしが問題だと思うのは、誰かと会っているときに、絶えずほかの相手とメッセージのやり取りをしている人。

もしあなたが誰かと会っているときにそんなことをされたら、相手が気にしなくてすむように（あるいは暇つぶしに）、自分もスマホを取り出して、メッセージをチェックしたりするのはやめよう。たいていの場合、そういう人には失礼なことをしている自覚がない。あなたはなにもせず、相手がひとりでクスクス笑いながらメールを打っている姿を、じっと見つめていよう。

そうすれば、相手もさすがに「まずかったな」と気づくかもしれない。はっきり言える勇気があれば、「せっかく会っているのに、落ち着かないわ」と言ってもいい。あるいは、「この人とはもう会わないことにしよう」と決めてしまってもいいかも。

携帯のメッセージに振り回されない

携帯電話が発明される以前は、人びとは固定電話やパソコンのメールや手紙で連絡を取るか、あるいは直接会って用件をすませていた。しかし、携帯電話やスマートフォンからメッセージを送れるようになって、状況は様変わりした。

人と連絡を取るのに携帯のメッセージほど便利なものはない。わたしは落ち込んでいたとき、友人と携帯のメッセージで楽しい会話をしたことで、明るい気分になれたことが何度もあった。

けれども、メッセージの着信音に振り回されてはいけない。あなたはなにをしていても、着信音が鳴るとすぐにチェックせずにはいられないだろうか？　ときにはしかたない場合もあるけれど、毎回すぐにチェックする必要があるだろうか？

いまはいつでもどこにいても、誰かから連絡が来る。けれども、凜とした生き方を目指すなら、相手の意のままに、いつでもすぐに返事をする必要などないことを、あらためて思い出す必要がある。相手はいますぐ連絡を取りたいと思っているかもしれないけれど、こちらにも都合があるのだから、あせる必要はない。1日じゅう、誰かからメッセージが届くたびに、やるべきことを中断して返事をしていたら、とてもわずらわしいし、仕事がはかどらない。

わたしは自分なりにルールを決めて、子どもたちと楽しい時間を過ごしているときは、携帯を手に取らないことにしている。そのあいだに何度着信があっても、気にしない。着信音もオフにして、画面を下にしてしまう。母親が絶えず携帯をいじっている姿なんて、子どもたちに見せたくないから。

一緒に遊んでいるときや、物語を読んでいるとき、お絵描きや工作をしているときに、何度も着信音が鳴ったら、子どもたちをがっかりさせてしまう。

「あーあ、せっかく楽しかったのに。どうせママはお友だちにメールするんでしょ」

そんなふうに思ってほしくないから。

でもじつは、最初からそんなルールを決めていたわけではなかった。メッセージが届くのは、うれしいことだから。けれども仕事中や家族と過ごす時間は、携帯電話に振り回されないようにしようと決めたのだ。そのかわり、夜になってくつろげる時間ができたら、遠慮なく楽しむことにしている。友人とメッセージを送り合って近況報告をするのはうれしいし、とても楽しい。

携帯をいじっている時間のせいで、どれだけ自分の生活や行動が変わったかを、一度じっくりと考えてみよう。そして反省すべき点が見つかったら、積極的に変化を起こしてみよう。

人付き合いを面倒がらずに楽しみ、携帯電話やインターネットにあまり振り回されないようにしたい。

現実とは「いま、この瞬間」、あなたの目の前で起きていること。人生にあと何日残されているかなど、誰にもわからない。かけがえのない毎日を、ネットの世界に埋もれて過ごしたりせず、精一杯生きよう。

Chic Tips ゴシップ大好き？

うわさ話はよくないとわかっていても、つい花を咲かせてしまう。とんでもないうわさを聞いたら、誰かに話さずにはいられない。友だちが共通の知人のスキャンダルを聞きつけたら、どんな話か知りたくなってしまう！

しかし、凛とした魅力のある人は、うわさ話には絶対に参加しない。うわさ話は人を傷つけるし、害になるだけ。うわさをされる本人の立場になってみれば、わかるはず。あなたは、みんなのうわさの種にされても平気？　もちろん、嫌に決まっている。

そうやって想像するだけでも、うわさ話に参加しようとは思わなくなる。その場にいない人をかばうようなことを言ってもいいし、黙って席を外すだけでもいい。その場を離れるわけにいかないときは、黙っているか、話題を変えるだけでも、大きな効果があるはず。

人前で話すときの秘密兵器

人前でスピーチをする――そう思っただけで、不安でドキドキしてしまう人は多いはず。とはいえ、スピーチの機会は誰にでも訪れる。たとえば、仕事でプレゼンテーションをすることになった。披露宴で新婦の友人代表のスピーチを頼まれた。子どもの学校で自分が中心になって企画した講演会で、司会を務めることになった。クラスのみんなの前で、読書感想文を発表することになったなど、機会はいくらでもある。

たしかに、人前で話すのは誰でも緊張するかもしれない。でも、あなたには秘密兵器があるのだから、堂々とやってのけることができるはず。その秘密兵器とは、凛とした態度や振る舞いだ。

高校生のとき、わたしはとても内気だった。授業中、先生に名前を呼ばれて、みんなの前で教科書を読むだけでも声がひどく震えてしまった。どうしてあんなに緊張したのかわからないが、クラスのみんなに見られていると思うだけで、「いますぐ家に帰りたい、ベッドにもぐって一生出たくない！」と思わずにいられなかった。

けれども高校3年生になったとき、どうにかしなければ、と思った。このままでいるのは嫌だ。周りの人たちにどう思われるかを気にしてばかりなんて。もうこれ以上、自分の弱点に目をつぶっているわけにはいかない。そう思ったわたしは、演劇の授業を取ることにした。みんなの前で舞台に立って、モノローグ（独白）のセリフを語るのは、人前で話すのがひどく苦手なわたしにとって、きっと荒療治になるはずだ。

演劇の授業が始まってから最初の数週間は、とてもつらかった。演技をするたびに、わたしは木の葉のようにぶるぶると震えた。突拍子もない無謀な思いつきで、自分をこんな目に遭わせるなんて、いったいなにを考えていたんだろう、と情けなくなった。やっぱり人前で話すなんてわたしには無理！　このまま目立たない子でいるのが似合ってる——みんなの前に出るようなタイプじゃないもの。

でもありがたいことに、わたしにもプライドがあったから、途中で辞めたりはしなかった。それどころか、わたしはさらにハードルを上げて、学校劇のオーディションに参加することにした。公開オーディションは多目的教室で行われ、先生方、舞台監督、照明や音響のスタッフ、オーディションに参加する生徒たちなど、約100名が一堂に会する。

演目はリチャード・ブリンズリー・シェリダン〔18世紀のアイルランド出身の劇作家〕の『恋

がたき』で、参加者はモノローグの場面を舞台で演じる。女子はヒロインのリディア・ラングイッシュ役、男子はキャプテン・ジャック・アブソリュート役のセリフだ。

わたしは自分の順番が来るまで、1時間半以上も（死ぬほど緊張しながら）じっと待っていた。ほかの生徒たちがつぎつぎに舞台に上がって演じる姿を見ながら、わたしは自分を励まし続けた。

べつにメリル・ストリープやロバート・デ・ニーロと競い合うわけでもないのに、なにをこんなに緊張してるの？　みんな平気で舞台に上がって、あんなに淡々とセリフを語っているんだから、わたしにだってできる――でもわたしなら、もっと情熱的にやってみせる。

ついに、名前が呼ばれた。

舞台に向かって歩きながら、鼓動が激しくなっていくのを感じた。けれども、舞台に立って大勢の人びとを見渡した瞬間、スイッチが入った。

わたしはスポットライトの真ん中に立った。そして、ゆっくりと深呼吸をした。あせる必要はない。ネガティブな考えはすべて、頭から振り払った。

やがて、なにかが起こったかのように、わたしは生まれ変わった。

わたしはリディアになったつもりで、情熱をこめて、モノローグのセリフを朗々と語った。声が会場に響きわたり、みんなの視線が集まった。

いま思えば、あのときの経験こそ、凜とした魅力のパワーを肌で感じた最初の瞬間だったにちがいない。

家に帰ったわたしは、その日のできごとを両親に報告した。とうとう緊張に負けずに、がんばることができたのだ。

翌日、学校に行くと、稽古場に貼り出されたキャスト表のまわりに人だかりができていた。人ごみをかきわけて進んで行ったわたしは、倒れそうになった――脇役のジュリア・メルヴィル役に、わたしの名前があったのだ！

人前で話すのをあれほど怖がっていたこのわたしが、学校劇に出られるなんて！　それをきっかけに、わたしはスピーチ恐怖症を克服する自信がついたのだった。


人前で話すときは、凜とした魅力が武器になる。あなたの存在感で舞台を支配しよう。選ばれて舞台に立つ者として、堂々と振る舞おう。あなたはエキスパートなのだ。これから話すテーマについて、あなたほどふさわしい語り手はいない。

「どうしよう、わたしなんかに務まるわけがない」なんて弱気な思いが頭をかすめたら、そんな考えは吹き飛ばそう。

大丈夫、あなたなら立派にやれる。スポットライトを浴びて、深呼吸をしよう。

大きな声ではっきりと、自信を持って話そう。会場の雰囲気を見ながら、聴衆と視線を合わせてもいい。舞台をあなたのものにしよう。体をこちこちに緊張させず、手振りや身振りで優雅なジェスチャーを示そう。棒立ちにならないように、全身を使ったほうがいい。

スピーチや講演が終わっても、そそくさと立ち去らないこと。そのまましばらく舞台の上で、立派にやりとげた感慨と喜びを存分に味わおう。

高校の学校劇のオーディション以来、わたしはいろいろなできごとを経験した。3000名の大学生向けの講演から、40名の女性向けのプライベートセミナーまで、大小さまざまな講演会でスピーチを行ってきた。さらに、動画配信されているTEDトークをとおして、世界じゅうの人びとに向かってプレゼンテーションを行った。

わたしを信じて、ぜひ挑戦してほしい。あなたも凛とした魅力を身につければ、人前でのスピーチがきっと得意になるはず。

人前で話すときの5つのコツ

1．舞台をあなたのものにしよう

登壇するときも、会議や宴会の席でスピーチをするときも、会場の雰囲気になるべく早く慣れよう。借りてきたネコのようにならず、堂々と振る舞って。

2．姿勢を美しくしよう

会場のすべての人びとに注目されるから、いつにも増して美しい姿勢が大切。背筋をすっと伸ばして立とう。

3．よく響く声で話そう

会場のすべての人に聞こえるように、後方の席にも声が届くよう、よく響く声ではっきりと話す。喉から声を出すのではなくお腹から声を出すイメージで。一つひとつの言葉を明瞭に、大きな声で発音する。

4．ジェスチャーや動きを使おう

緊張のあまり棒立ちにならないように、体を動かそう。ジェスチャーを使ったり、場合によっては歩き回ったりしてもかまわない。ビデオ撮影をする場合は、動いても差し支えない範囲を事前に確認しておこう。

5．聴衆とつながろう

見込み客に対してプレゼンテーションをするときも、披露宴で新婦をほめたたえるときも、人前で話すときにいちばん重要なことは、聴衆とつながること。あなたがスピーチを頼まれたのは、聴衆のためになる話ができる人だと見込まれたから。だから自分自身の話ではなく、聴衆にとって役に立つ話をしよう。

ミステリアスな雰囲気を大切に

凛とした魅力のある人は、ミステリアス。それにはたくさんの理由がある。これまで見てきたように、凛とした魅力のある人はめったにいないからこそ、興味を惹かれる。行動や立ち居振る舞い、着こなしなど、すべてに奥ゆかしさが漂っている。どうしたらそんなふうになれるのだろう？

スーパーで子どもがかんしゃくを起こしているのに、あの若いお母さんは、どうしてあんなに落ち着いて相手ができるのだろう？　あの女性はどうしてあんなに素敵でおしゃれに見えるのだろう？　あの人は職場のトラブルに巻き込まれても、どうしてあれほど冷静に対処できるのだろう？

凛とした魅力を身につけたいなら、「過ぎたるはなお及ばざるがごとし」と心得よう。とくに、コミュニケーションのしかたには注意する必要がある。

ミステリアスな雰囲気を醸し出そう。それには、たんなる知り合いにまで、私生活のことを何でもかんでもあけすけに話さないこと。周りに聞こえる場所で、大声で話をしない。もし周りに人がいる場所で電話がかかってきたら、小声で話すか、できれば離れた場所に移動して、迷惑にならないように気をつけよう。

ネット上での投稿にも注意が必要。素晴らしいできごとや、記念すべきできごと、あるいは日常のつまらないことや、愚痴や悪ふざけなどを、いちいちフェイスブックに投稿する必要はないはず（足の爪が割れたのをわざわざ撮って投稿しないでほしい！）。

また、自分以外の人について投稿するときは、慎重な配慮が必要だ。たとえ、自分の子どもでも、やたらと写真を載せる必要はないはず。子どもたちの気持ちも考えてみよう。大きくなったとき、自分の子どものころの写真が何百枚もネット上に残っていたら、うれしいだろうか？

思いやりをもって、ほかの人の気持ちになって考えてみよう。もし誰かが勝手にあなたの写真を何枚も投稿したらどう思うだろう？　きっと、ひどいことをされたと思うのでは？　誰でも大切な思い出は、自分だけのものにしておきたいはず。

ＳＮＳを活用して、親しい友人たちと情報や写真を共有するのは楽しいけれど、私生活の細かいことを、何百人もの知り合いと共有する必要はないはずだ。

凛とした魅力はひとりで考える時間に生まれる

会話をするときも、奥ゆかしさは大切にしたい。わたしたちはつい、言わないほうがいいことまで言ってしまいがちだから。

たとえば、知り合いとおしゃべりをしているうちに、つい夫の愚痴をこぼしてしまう。あるいは、職場で同僚たちが集まって、いつものように上司の陰口を叩いていると、あなたもつい一緒になって愚痴をこぼし、ストレスを発散したくなる。

相手を選びさえすれば、たまには愚痴を言ってすっきりするのもいい。でも内容が内容なだけに、相手は慎重に選ぶこと。まちがっても、誰かに会うたびに愚痴をぶちまけないように気をつけよう。

凛とした魅力は、ひとりでじっくりと考える時間に生まれる。なにかあっても瞬間的に反応せず、少し考えてから口を開けば、軽率な発言を控えることができる。ツイッターの投稿にも、冷静によく考えて対処すれば、かっとなって論争に巻き込まれることもないはず。そうすれば、大切なことは胸の内にしまっておける。

イライラしたら、ひと呼吸置こう。興奮してしまったら、少し冷静になろう。軽はずみなことを言わないように、ちょっと落ち着いてみよう。

Part 3

「凜とした魅力」を磨きつづける

Chapter 7

心のこもった おもてなし

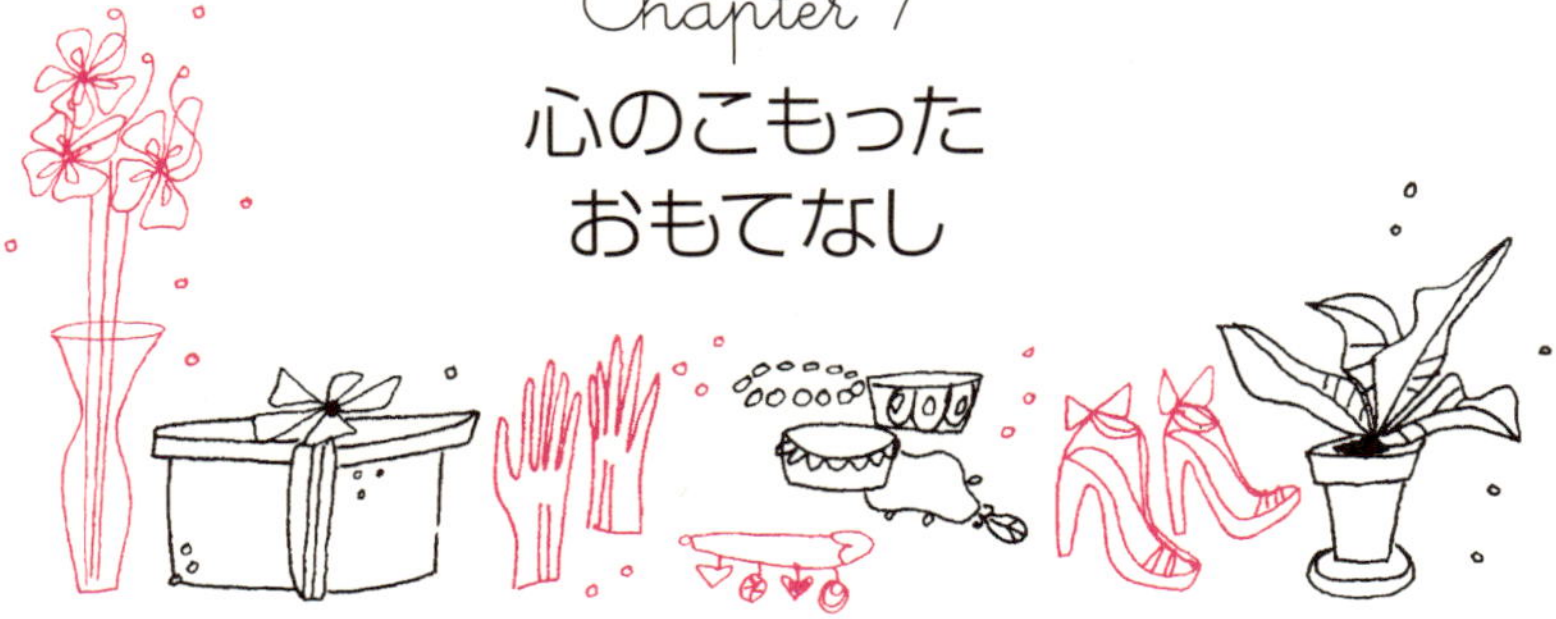

自宅でホームパーティーを開くときは、ついやきもきしてしまう。ちゃんとメイクして、髪も整えなくちゃ。まだお掃除が行き届いていない。お料理は気に入ってもらえるかな？　やるべきことや気がかりなことが、次から次へと頭に浮かんでくる。

ところがじつは、そういうことはどれも、ゲストにとってはたいした問題ではない。

もちろん、おしゃれをするのは大切なこと。まさかスウェットパンツでお客さまを迎えるわけにはいかないし、家が散らかっているのも困るし、喜んでもらえるようなお料理を出したい。

でもゲストがあなたの家を訪ねるとき、いちばん楽しみにしているのは……あなたに会えること！　親しい友人たちは、あなたの顔が見たいのだ。みんなでゆったりとくつろいで、笑いながら、近況を語り合うのを楽しみにしている。ほんのひととき日常生活を忘れて、あなたと一緒に楽しい時間を過ごしたいと思っている。とにかく、あなたに会えるのがうれしいのだ。

でもそれは、「どうしよう、幅木《はばき》にほこりがたまってる！」なんて、血相を変えているあなたじゃない。

「こんな日にかぎって、髪が決まらなくて嫌になっちゃう!」なんて落ち込んでしまい、人の話をうわの空で聞いているあなたじゃない。

「ごめんなさいね、ちょっと味が濃かった?」「たいしたものを用意できなくて、ごめんなさい」なんて、料理のことで謝ってばかりいるあなたじゃない――あなたの手料理なら、何だってうれしいのに!

マダム・シックはおもてなしの達人

マダム・シックはおもてなしの達人だった。ゲストが到着すると、マダムはコートやバッグを預かり、決まった場所へ置く。ゲストはリビングルームに通され、すぐに飲み物が出された。みんなで食前酒をいただきながら(ホームパーティーでわたしがいちばん好きな時間!)会話を楽しんでいるうちに、だんだん食欲が湧いてディナーが楽しみになってくる。

やがて、マダムは一同をダイニングルームへ案内し、あらかじめ決めておいた席次に従ってゲストを着席させる。料理を出す順番は、女性の主賓がいちばん先、つぎに女性たち、最後に男性たち。すべて決められたとおりの手順で行われたが、堅苦しいところは全然なかった。マダム・シックがなにもかも心得ていたので、ゲストはみな安心してそれにならった。

マダムはゲストの誰もが居心地よく過ごせるように気を配っていた。食事がすんでも、デザートやコーヒー、食後酒を楽しみながら、興味深い会話が尽きることはなかった。そのあとはリビングに移って、ゆったりと音楽を楽しんだ。そんな楽しいひとときは、甘やかなポートワインのようになめらかに流れていった。

マダム・シックは、家の状態や身支度やお料理のことで、ゲストに謝ったりしなかった。堂々とゲストを歓迎し、忘れがたい、楽しいひとときを過ごしていただけるようにと、それだけを願っていた。

凛とした魅力のある人は、社交の場でも自信をもってゆったりとかまえていて、一緒にいる人たちをくつろいだ気分にさせてくれる。そういう人のパーティーに招かれたゲストは、とても安心だ——その家に一歩足を踏み入れた瞬間から、あたたかく歓迎され、気にかけてもらえる。

まずは玄関でお出迎え

カクテルパーティーやディナーパーティーに招待されて、あまりよく知らない人の家を訪ねていくのは、ちょっとした勇気が要るもの。おもてなしの達人は、そんなゲストのことを第一に考え、ゲストの立場になって、なにをすべきかを考える。

そのためにはよく計画し、準備を整えておく必要がある。あなたの家でパーティーを開くなら、ゲストが到着するたびに玄関で出迎えよう。もし手が空いていなくても、夫や子どもなど、必ず誰かに出迎えを頼むこと。

以前、わたしがある家のパーティーに招かれたときは、到着して30分くらい経つまで、主催者の女性の姿を見かけなかった。飲み物の用意など、裏方仕事で忙しかったのだ。わたしはその女性のことをよく知らなかったし、ゲストも知らない人ばかりだったので、困ってしまった。

しかたないので、自分から周りの人に自己紹介をしたけれど、本当なら、主催者か代わりの誰かがゲストを出迎え、リビングに集まっている人たちに紹介してくれたら、もっとよかったと思う。

あなたの家でパーティーを開くときは、どんなに忙しくても、初めて来るゲストや、ほかに知り合いのいないゲストは、必ず玄関で出迎えよう。

そしてマダム・シックのように、バッグやコートなどを置く場所に案内し（あるいは預かって）、飲み物を差し上げる。誰も知り合いのいないゲストがいたら、その場を離れるまえに、必ず誰かに紹介すること。すべてのゲストに主賓のような気分を味わってもらおう。

ゲストと話をするときは、会話に集中する。相手の肩越しに、ほかのゲストの姿を探して目をきょろきょろさせたり、向こうの人たちはなにをやっているのかしら、などと気を散らしたりしないこと。

話が長いゲストにつかまったときは、ちょっぴり大変。ずっとその人とばかり話していたら主催者の務めを果たせないと思ったら、話の切りのいいところで、「ちょっと失礼」と言ってさりげなく切り上げよう。その際も、その場を離れるまえに、誰かほかのゲストに紹介しよう。

お客さまがひとりかふたりのときは、おもてなしもずっと簡単。もし約束の時間より早く到着しても、あたたかく迎えよう。

友人たちを招くときは、完璧なおもてなしでなくても大丈夫。友人たちは、あなたに会えるのがなによりもうれしいのだから。喜んで迎え入れ、バッグやコートを置く場所に案内しよう。あとは気楽にくつろいで過ごしてもらえばいい――暖炉のまえのアームチェアで紅茶を飲んだり、庭に出て冷たい飲み物を楽しんだり。

急ぎの用事でもないかぎり、携帯電話はどこかに置いておくこと（数分おきにチェックしたりしない）。せっかく訪ねてきてくれた人たちと一緒に、かけがえのない時間を過ごそう。

Chic Tips 気軽なおもてなしに挑戦

今週、近所の人を家に招いてみよう！　しばらくのあいだ誰も家に招いていなかった人は、「そんなの無理！」と思うかもしれない。完全に自分たちのペースで暮らしていると、家というプライベートな空間によその人を招くのは、大変なことに思える。でも思い切って、近所の人を招待してみよう。

古き良き時代にはごく一般的な習慣だったけれど、いまでは近所の人を家に招いたり、招かれたりすることはなくなってしまった。けれども、ご縁があって同じ地域に住んでいるのだから、絆や友情を深めるためにも、家に招くのはとてもいいこと。

せっかくだから、シンプルでも素敵なおもてなしをしよう。お茶を淹れて、おいしいクッキーを用意すれば（手作りでも買ったものでも）それでじゅうぶん。きっと、とても喜んでもらえるはず。近所の家にお茶に招かれるなんて、その人にとっても、もしかしたら初めてかもしれない。

「ああ、楽しかった！」と思ったら、ぜひ定期的にやってみては？　たまには近所の人を招いて、ゆったりと楽しいひとときを過ごせば、気分もリフレッシュするし、凛とした魅力を身につけるためのよい練習にもなる。

お菓子は何も訊かずにお出しする

おもてなしの達人は、ゲストたちのお腹が空いていないか、喉が渇いていないかなど、基本的なことによく気を配る。それには、いくつか覚えておくべきポイントがある。

遠方からのゲストには、すみやかに食べ物や飲み物をお出ししよう。少なくとも、お菓子など軽くつまめるものと飲み物は必要。空港から到着したばかりの人や、遠くから車を運転してきた人には、まずお水を差し上げ、「なにかほかにも飲み物はいかが？」と勧めよう（コーヒー、紅茶、炭酸飲料、アイスティーなど）。

食事の時間でないときは、わたしはビスケットや果物などをお皿に盛り付けたり、ナッツをボウルに入れたりして出す。このようなものは、なにも訊かずにお出ししよう――面倒をかけるのは悪いと思って、遠慮してしまうゲストもいるから。お腹がいっぱいなら手をつけないかもしれないけれど、それはそれでかまわない。大切なのは、さりげない気配りだから。

もうひとつのポイントは、食事を出す予定がない場合は、食事どきにかからないようにすること。午前中にママ友の家に子連れで集まって、お昼すぎにお開きになったせいで、わたしはお腹が空きすぎて胃が痛くなってしまったことが何度もあった。子どもたちにはランチを出してくれたけれど、ママたちにはなにも出なかったからだ。

何人もの大人や子どもたちに食事を出すのが大変なのはよくわかる。だったら午後2時くらいに招いて、クラッカーやジュースやぶどうなど、手軽につまめるものを用意しよう。気負わなくても大丈夫！

食器やナプキンはいちばん上等なものを

美は必要という基盤の上に成り立つ。

――ラルフ・ウォルドー・エマソン

堅苦しいことを嫌い、なにごとも形式張らない時代に生きていると、丁寧なおもてなしなんて時代遅れで意味がないと思っている人も多いだろう。だからこそ、凛とした態度や振る舞いを心がけているわたしたちは、そんな時代の雰囲気に流されずに、おもてなしも大切にしたいもの。

近所の人を紅茶とブラウニーで気軽にもてなすときも、「大げさかな？」なんて思わずに、いちばん上等なお皿やティーカップ、布のナプキンを使おう。もしかしたら、あらたまったおもてなしに近所の人もびっくりしてしまうかもしれないけれど、あわてたり、謝ったりしないこと。いつもどおり凛とした態度で、堂々とにこやかにお迎えしよう。

ひょっとしたらその女性も刺激を受けて、家に帰ったら、ずっと使っていなかった素敵なカップを取り出して、ふだんからもっと使ってみようと思うかもしれない。それになにより、その人が特別な気分を味わって、あなたの心遣いをうれしく思ってくれるのはまちがいない。

それに、素敵なカップやお皿がなくても大丈夫！　おもてなしは、高価な持ち物を見せびらかして自慢することではなく、お客さまをあたたかく迎え、特別な気分を味わっていただき、ともに楽しいひとときを過ごすこと。たとえ古ぼけて縁《ふち》の欠けたお皿しかなくても、おもてなしはできる。それには心をこめて、自信をもって、あなたらしく振る舞うのがいちばん。

ゲストとして招かれたときの心得

自宅に人を招くよりも、ゲストとして招かれるほうが、計画や準備が少なくてすむからずっと気楽だけれど、ゲストとして心得ておくべきことがいくつかある。

ドラマ「ダウントン・アビー」のシーズン5に登場するミス・バンティングは、誰に対しても遠慮なく物を言う教師で、招かれざる客だった。彼女は大邸宅ダウントン・アビーのディナーの席で、当主のグランサム伯爵を侮辱するような発言を繰り返し、周りを唖然とさせる大騒ぎを引き起こしてしまう。テレビなら見せ場になって面白いかもしれないけれど、実際の生活では、そんな失礼な振る舞いは絶対にしないほうがいい。

ゲストとして招かれたときは、つぎの点に注意しよう。

・まず、その場にぴったりの手土産を忘れずに。裏庭で採れたレモンをバスケットに盛ってもいいし、ワインや、手作りのクッキーや、チョコレートでも。なにかしら手土産を持参して、招いてくれたことに対する感謝の気持ちを伝えよう。

・約束の時間より早く到着しないこと（でも、遅すぎるのもよくない）。

・長居しすぎないこと。頃合いを見計らって、おいとましよう。

・主催者を独り占めしないこと。ほかにもゲストがいる場合は、みんなと話せるように気遣おう。

・主催者を侮辱するような失礼な発言は、絶対に慎むこと。

・パーティーの席で議論が白熱してしまったときは、火に油を注ぐような発言は控えよう。誰かと意見が食いちがっても、その相手にも自分の意見を述べる権利がある。もしピリピリとした雰囲気になってしまったら、話題を変えるか、ユーモアのあることを言って、場を和ませよう。

よその家に泊まるとき

よその家に泊まることについては、あれこれ話したいことがある。というのも、わたしはパリで半年間、マダム・シックの家にホームステイをしていたから。

あの家に一歩足を踏み入れた瞬間に、わかったことがある。それは、あの家の暮らしには〝特別な流儀〟があるということ。自由気ままに、お気楽に過ごせるような家ではなかったのだ。

わたしは自分の持ち物を絶対にリビングルームに置きっぱなしにしないように注意した。そして、自分の部屋もいつもできるだけきれいに片付けた。なにしろ家じゅうがきちんと片付いていたので、わたしの部屋だけ散らかしておくわけにいかなかったのだ（だらしなくしていたら、きっとマダムに叱られたはず！）。

そして、いつもカリフォルニアの自分の家でしていたように、キッチンでおやつを物色することもなかった。そんなことをしたら、マダムが作ってくれるごちそうを味わえなくなるし、第一、マダムの一家は誰も間食をしなかったのだ。

というわけで、わたしはあの家の流儀に従って暮らしていた。

マダムの家には、バスルームがひとつしかなかった。ホームステイの初日、家に到着してしばらくすると、マダムに訊かれた。

「お風呂は朝と夜、どちらがいいかしら？」

どうしよう。そんなことは考えたこともなかったので、迷ってしまった。

「そうですね、両方かな」

毎日、朝は必ずシャワーを浴びるけれど、夜、寝るまえにお風呂に入るのも好きなので、わたしはそう答えた。

ところが、そんなどっちつかずの返事に、マダムは戸惑った表情を浮かべた。

いけない、どうやらダメみたい――わたしはあわてて、小声で言い直した。

「朝でもいいですか？」

それで、わたしのバスタイムは朝に決まった。家族全員がひとつのバスルームを使うので、誰が何時ごろ使うかを決めておく必要があるのだ。そうじゃないと、ムッシューや息子さんが家を出るまえに急いで身支度をすませたくても、ほかの誰かさんが朝からのんびり泡風呂に入っていたら、遅刻してしまうから！

バスルームを使うときは、忘れずにカギをかけよう。なぜなら……どういうことか、きっとおわかりのはず。ホームステイの2日目、わたしがお風呂に入っていたら、びっくり仰天、ムッシュー・シックがいきなりバスルームに入ってきたのだ。

どうしてカギをかけておかなかったのか、自分でもわけがわからない。恥ずかしいったらなかった！　ムッシューは紳士だから、何事もなかったかのように振る舞ってくれたけれど、のっけからとんでもないハプニングだった。

実家やホテルでもきちんと過ごす

自分の実家に泊まるときも、あるいは旅行で高級ホテルに泊まるときも、自分が家以外の場所でどのような態度で生活しているか、注意してみよう。旅先や休暇中でも、日ごろのよい生活習慣を乱さないように気をつけたい。

滞在先に到着したら、まず服を収納する場所があるかどうかを確認する。ハンガーの下がったクローゼットか、空っぽの引き出しがいくつかあれば大丈夫。服をきちんとしまったら、スーツケースはできれば目立たない場所に置こう。ホテルのように客室係の清掃サービスがある場所でも、部屋は散らかり放題にせず、持ち物はつねにきちんと片付けておく。

友人や親せきの家に泊まるときは、きちんとベッドメイキングをして、部屋はきれいに使うこと。服をしまう場所がなく、スーツケースから出し入れせざるを得ない場合は、なるべくきれいにたたんで収納する。せっかくきちんとした生活習慣を身につけたのだから、家だけでなく外でも実践しよう。

以前、仕事仲間の女性と一緒に出張をしたときのこと。ホテルのわたしの部屋にやってきた彼女は、面白そうにこう言った。

「あなたって、ホテルでもわざわざベッドメイキングをするのね」

もちろん。わたしはぐちゃぐちゃのベッドは我慢できないのだ。ベッドがきちんと整っていないような部屋で、まともにものを考えられるとは思えない。

ところが最近、まさに正反対のことに気づいた。実家に帰ったとき、昔の自分の部屋に泊まっていたら、いつのまにか散らかり放題になっていたのだ！　まるで10代のころの自分に戻ってしまったみたいだった。

娘たちが部屋に入ってきて、はっとした。脱いだ服がスーツケースや、椅子や、ベッドのまわりに散乱している。ほかにもいろんな持ち物が部屋じゅうに散らかっていた。娘たちにはもう二度と、母親のそんなだらしない姿を見せたくないと思った。それからは実家に泊まるときも、部屋をきれいに使うように気をつけている。

よその家に泊まるときの心得

・手土産を忘れずに。
・共有スペースに自分の持ち物を置きっぱなしにせず、自分の部屋に置く。
・部屋はなるべくきれいに片付ける。

・バスルームやキッチンなど、自分が使った場所はきれいにする。
・その家のルールに従う。
・食事の時間に遅れないこと。
・バスルームのドアにカギをかけるのを忘れずに。
・共有のバスルームを長々と占領しない。
・滞在先の家の人のまえで電話をしない。電話に出たり、電話をかけたりするときは、ひと言ことわってから席を立つ。
・滞在先の家の人たちといるときに、しょっちゅう携帯をチェックしたり、メッセージを打ったりしない。
・長期間滞在するときは、たまにはひとりで午後から出かけるなどして、滞在先の家の人たちがのんびりと過ごせるように配慮しよう。ずっと面倒を見てもらえる、楽しませてもらえる、などと期待してはいけない。
・滞在中に一度は夕食を作ってあげるか、ごちそうする。
・お世話になったお礼に、プレゼントか感謝の言葉を書いたカードを渡す。
・出発日の朝には、自分が使ったシーツをはがしておく。

おもてなしの達人は、頻繁に人を家に招く。あたたかい心遣いこそ、なによりもゲストをくつろがせ、ゆったりと過ごしてもらえることを心得ている。そういう人の家は、いきいきとした活気に満ち、人びとが集いたがる。

家に招いたり招かれたりしながら、友人たちと定期的に集まろう。ともに有意義な時間を過ごして、人生を豊かにしよう。

Chapter 8

食事のときもエレガントに

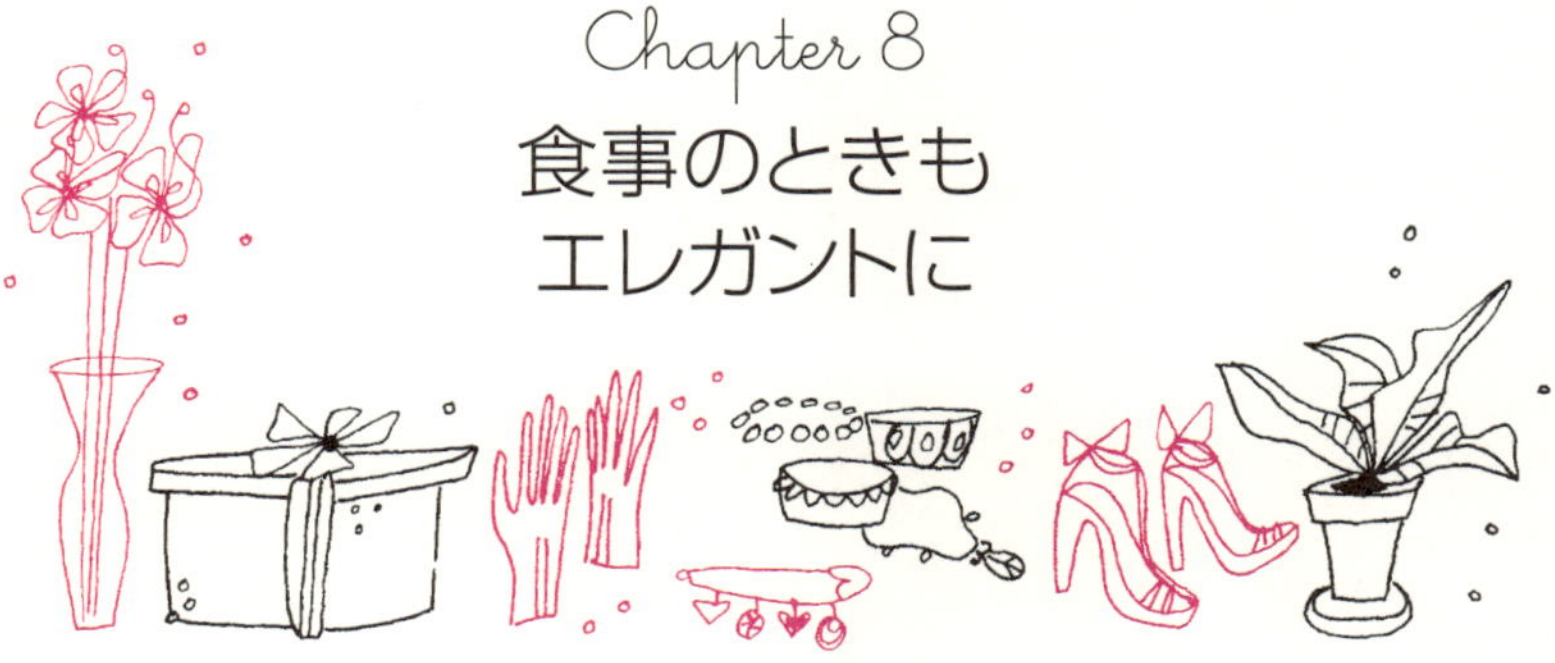

食事の時間にバタバタして落ち着いて食べられないと、消化不良を起こしてしまうのはわたしだけだろうか？　簡単な食事でもおいしくいただくには、きちんとしたテーブルマナーで、ゆったりと静かに味わいたい。

たったそれだけのことが、平日にはなぜこれほど難しいのだろう？　理想的には、食卓に着いたらよけいなことはなにもしたくない。自分ひとりなら、ゆったりと食事をいただくのは簡単なこと。ほかのことには気を散らさず、携帯も見ない。必要なものはすべて食卓にそろっていて、とちゅうで席を立ったり、子どもの顔を拭いてやったりする必要もない。

ところが家族と一緒のときは、とたんにあわただしくなってしまう。みんな好き勝手に席を離れたり、わたしも子どものためになにかを取りに行ったりして、気がつけば数分ごとに席を立っている。

子どもが真っ白なテーブルクロスの上にぶどうジュースをこぼしてしまった。ランチョンマットはケチャップでべとべと。おまけに夫がゲップをした……。

そんなのは、あなたが望んでいるようなエレガントなディナーじゃない。

でも、あきらめないで！　そんなときでも、あなたは凛とした態度や振る舞いを心がけることができるはず。なぜなら、それは自分自身の問題だから。

子どもがまだ小さくて、テーブルを遊び場にしてしまうときは、「テーブルでは遊ばないの。テーブルはみんなでお食事をするところよ」とやさしく言って聞かせよう。そして心のなかで、「こんな状態が永遠に続くわけじゃないから」と、自分に言って聞かせよう。

わたしも、下の子が椅子をガタガタ揺らしながら、豆を手づかみで食べていたりすると、「24歳になったら、さすがにやらないでしょ」と思うことにしている（そう願いたい！）。

ひどいテーブルマナーが氾濫している情けない世の中で、輝きを放つエレガンスを身につけることに、喜びを覚えよう。食卓に着いたら、背筋をすっと伸ばし（いつも姿勢を美しく！）、ひざの上に布のナプキンを広げ、食事を味わっていただこう。周りのみんながすごい勢いで食べていても、つられてはいけない。

子どもに注意するときは、落ち着いて、やさしい口調で話すこと。ガミガミ叱ったり、あまりうるさく注意しすぎたりしないように気をつけよう。子どもたちには、テーブルマナーを守るのは素敵なことだと思ってもらいたい。だからなるべく楽しい気分で、自分からやってみたいと思うように仕向けよう。

食卓をととのえ、伝統を大切に

食事の準備をするときは、食卓にテーブルクロスをかけ、飲み物を注ぎ、ナイフやフォーク、お皿をきちんと並べる。毎日、家族で食事をともにするという素晴らしい伝統を守っていこう。日々の食卓を整えることは、栄養を摂って元気になり、家族の絆を深めるための基盤を築くことでもある。

わたしたちは自分が食べたものから栄養を摂っている。だからこそ心穏やかに、ほかのことに気を散らさずに食卓に着くことが大切なのだ。スマホを片手にインスタグラムを眺めながら食事をしていたら、味わうことも、感謝することもできない。

食事の伝統やマナーを大切にしよう。テレビを観ながら食べたり、自分の部屋でひとりで食べたりせず、家族とともに食卓を囲んで絆を深めよう。そして、食事のまえに感謝を捧げる、みんなで乾杯する、全員が食べ終わるまで席を立たないなど、伝統的なマナーを復活させよう。

食事をしながら、その日にあったできごとを語り合おう。そして、おいしい食事を作ってくれた家族に感謝し、後片付けはみんなでしよう。

たとえピザだけの夕食でも、背筋を伸ばして座り、味わっていただこう。

こういうことを大切だと思っているのはあなただけで、家族があまり気にとめてくれなかったとしても、かまわずに続けること。まずはあなたがみんなにお手本を示すことで、エレガントな食事のマナーを復活させよう。

Chic Tips 食べにくい料理を上手にいただく

映画『プリティ・ウーマン』で、ジュリア・ロバーツが演じるビビアンは、エスカルゴの食べ方がわからない。すべりやすい殻をトングでつかんだ拍子に、ピンポン球のようにすっ飛んで行ってしまった——。そんな大失態を演じなくてもすむように、食べにくい料理を上手にいただく方法を知っておこう。

＊アーティチョーク

手で萼《がく》を一枚ずつはがし、ディップソースをつける。下側の肉厚の部分を歯でこそげるようにして食べる。食べたあとの萼は、お皿に置いておく。良質で新鮮なものは、芯の部分も食べられる。

*アスパラガス

ソースがかかっていないものは、下の固い部分を手でつまんで食べてもよい。ソースがかかっている場合は、ナイフとフォークを使っていただく。迷ったときは、ナイフとフォークで食べたほうが無難。

*ミニトマト

前菜としていただくときは、丸ごと口のなかに入れる。半分に噛みきろうとして、食卓の向こうの相手の顔にトマトの汁を飛ばさないようにしよう（そんなのはシックじゃない）。サラダに入っている場合は、ナイフとフォークを使ってそっと力を入れ、よく注意してカットしながら食べる。

*エスカルゴ

殻が丸くてすべりやすいけれど、手づかみしたり、殻に口を直接つけて食べたりするのは厳禁。左手で専用のトングを持ち、エスカルゴをしっかりとつかむ。つぎに、右手に持った専用のフォークで、中身を出す。ソースをつけていただく。

＊ロブスターやカニ

殻割り器で殻を割り、シーフード用のフォークで中身の肉を出して、ソースにつけていただく。小さいハサミからは直接吸って食べてもよいが、大きな音を立てないように注意すること。

＊カキ

お好みでレモン汁をかける。シーフード用フォークをカキの身の下に入れ、そっと動かして身を殻から外す。ミニョネットソースやカクテルソースなど、お好みのソースをかける。殻ごと手に持って、身をすべらすようにして口に入れる。このときに息を吸うと、カキをまる呑みしてしまう恐れがあるので注意（以前、目撃したことがあるけれど、あまり美しいものではない）。

＊スパゲッティ

ほんの数本をフォークで巻きつけて（ほんの数本、が肝心）食べる。たくさん巻きつけるとボールみたいになってしまうので注意。そうなると無理やり口に入れるか、もう一度やり直すしかない。フォークと一緒に、反対の手でスプーンを使って巻きつけてもよい。

テーブルマナー違反をしてしまったら

マダム・シックは、わたしの立ち居振る舞いをさりげなく注意してくれた。注意のしかたがとても上手だったので、こちらの気に障ることもなく、わたしは注意された点をすんなりと改めていた。

そんなふうに、マダムの言うことにはたいてい素直に従っていたのだけど、ホームステイが終わりに近づいたころ、夕食の席でマダムに食事のマナーを注意されたことがあった。あのときだけは、なぜか素直に聞けなかった……。

マダムの家では、食事のたびにバゲットを食べるのが習慣だった（朝はもちろん、お昼にも食べる)。夕食の最後には、チーズの盛り合わせが出される。まずはゲストであるわたしからチーズのトレーが回され、わたしは好きなチーズをひと切れ自分のお皿に取る(たいていは、いちばん好きなカマンベール)。そして、トレーをマダム・シックに渡し、つぎはマダムがチーズを取る。

アメリカでは夕食のたびにチーズを食べる習慣はないので、わたしはバゲットの上にチーズを載せてよく広げ、かじりついて食べていた。マダムの家に滞在中、ずっとそうやって食べていたのだけど、これはチーズの食べ方としては最大のマナー違反だったのだ。

毎晩、バゲットの上にチーズをべたっと広げて、かじりついているわたしを見ながら、マダムはひそかにぞっとしていたにちがいない。それでも5カ月間、なにも言わずにわたしの不作法に耐えてきたのだ。

あの晩、マダムはとうとう黙っていられなくなったのかもしれない。あるいは、「不作法なことだと教えもせずに、この子をアメリカへ帰すわけにはいかない」と思ったのかもしれない。マダムはわたしを傷つけないように気を遣いながら、説明した。

「ねえ、ジェニファー。フランスではパンをひと口分ちぎって、そこにチーズを少しつけて口に入れるの。パンとチーズがなくなるまで、それを繰り返すのよ」

その日は嫌なことでもあって虫の居どころが悪かったのか――わたしはめずらしくマダムに口答えをしてしまった。

「すみません。だけど、いちいち覚えることが多すぎて。チーズくらい、好きなように食べたらいけないんですか？」

気まずい沈黙が流れた。マダム・シックは「あら、ごめんなさい」と言って、自分のお皿にチーズを取った。ムッシュー・シックと息子さんは、耳まで真っ赤になった。ああ、どう考えても、もうちょっとましな振る舞いをすべきだったのに！

わたしたちは人に注意をされると、つい身構えてしまう。「べつにいいじゃない、なにがいけないの？」と開き直ってしまうのだ。

あのとき、わたしはついむきになってしまい、5カ月間もチーズの食べ方をまちがえていたことを、恥ずかしいと思わなかった。もしあのときに戻れるなら、（たとえむっとしても）「ありがとうございます」と言って、素直に直すだろう。

もし不慣れな場所でマナー違反をしてしまったら、むきになったり開き直ったりせず、周りの人と同じようにやってみよう。思いのほか、そのやり方が気に入るかもしれない。それに、なにもかもちゃんと心得ている人なんていないのだから！

Chic Tips レストランで携帯やｉＰａｄに子守りをさせない

小さい子どもがいると、まともに夕食がとれない。食事中もちっともじっとしてくれないし、こぼしたり、ぐずったり、ふざけたり、まったくきりがない。頼むから、ゆったりと静かに過ごさせてよ――そう思わずにはいられない。

レストランに行けば、子どもたちがさっそく騒ぎ出す。そんなときは、すかさずスマホやｉＰａｄを取り出して、お気に入りのアニメや動画を見せておとなしくさせたくなる。

でも、これはやめたほうがいい。子どもたちもいずれは、みんなと一緒におとなしく席に着くことを学ばなければならない。いつまでも食事中にアニメや動画を見ているわけにはいかないのだ。子どもたちも、食卓で行儀よく振る舞うことを学ぶ必要がある。

だからどんなにイライラしても、みんなで食卓を囲んで一緒に食事をするのは、大切なことだと教えよう。外食のときくらい、ひと息つきたいからといって、子どもが食事もそっちのけで画面に釘付けになっているようではいけない。

でも、そんな状態が永遠に続くわけじゃないから、心配しないで。そのうちすぐに、お利口な坊やか女の子を連れて、ランチに行けるようになる。「まえはテーブルの下にもぐって、ママの脚をくすぐったりしてたのに、ずいぶんお利口さんになったね！」と笑い話ができるようになるから。

お酒の飲みすぎもマナー違反

会食などの席でお酒をいただくときは、節度をもってたしなもう。自分のアルコールの許容量はわきまえているはずだから、絶対にそれを超えないように注意する。飲酒運転はほろ酔いでも厳禁だ。凛とした魅力のある人たちは、自分の限界をちゃんとわきまえている。

わたしの場合は、ディナーのときにワインを1杯いただけばじゅうぶんで、2杯飲んだら限界。なかには、1回のディナーで7杯以上も飲む人もいるから、驚いてしまう。凜とした魅力のある人たちは、酔っ払わなくても楽しいひとときを過ごせる。飲酒に問題がある人は、ちゃんと自覚したほうがいい――アルコール依存症は深刻な問題だから。

Chic Tips ワインテイスティングの方法

レストランでワインのテイスティングをするときは、「色を見る、香りをかぐ、味わう」の3つのステップを思い出して。

1. 色を見る

グラスに注がれたワインの色をよく確かめる。白ワインはすっきりとした透明感があるべきで、濁っているのはよくない。赤ワインの色には、深みやあざやかさがあり、ロゼワインはピンク色か、ほのかな赤い色をしている。

2. 香りをかぐ

グラスを回し、立ち昇る香り《アロマ》を深く吸い込む。ワインを味わうことは、まず香りを味わうことから始まる——アロマはワインの味わいを物語るものだから。どのような特徴があるか、意識しながら香りをかぐこと。

3. 味わう

ワインをひとくち口に含み、口のなかで転がすようにして、こんどは味の特徴を確かめよう。甘い？　苦い？　それとも深みのあるしっかりとした味わい？　味の特徴は、香りの特徴と合っている？　全体的にバランスのよい、調和の取れた風味が感じられるだろうか？　満足であれば全員に注いでもらおう。

会食は、緊張やストレスを味わうためのものではない。みんなで食卓を囲むのは、人生のかけがえのない喜びのひとつ。家でひとりでお昼を食べるときも、友人たちと素敵なレストランでディナーをいただくときも、いつもきちんとしたテーブルマナーを心がけよう。いちばん大切なのは、味わいながら食べること。そして、誰かと一緒に食卓を囲むときは、絆を深めること。

凜とした魅力のある人たちは、食事を心から楽しむ。そして、美しいマナーで食事をいただくことは、教養やたしなみの表れであることをよく理解している。

Chapter 9

家でもどこでも素敵なあなたでいよう

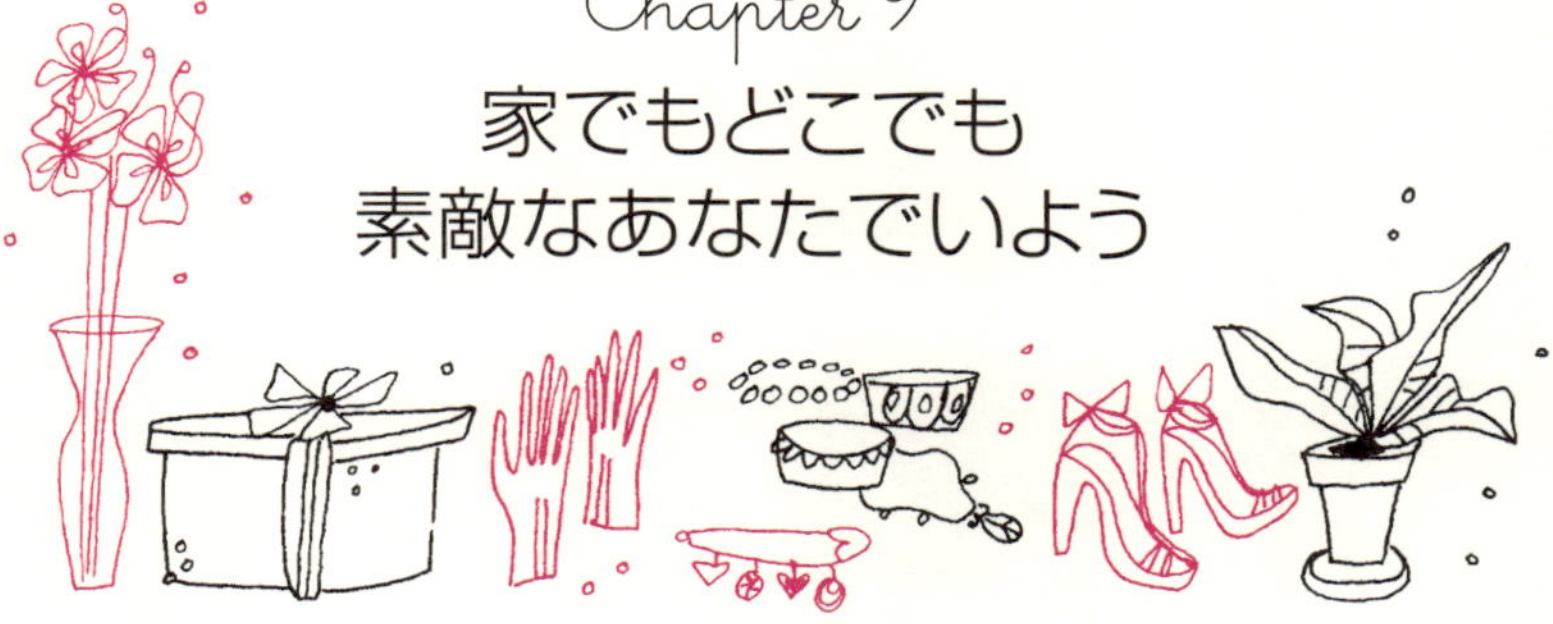

人生のなかで、あなたはさまざまなところへ旅をする。でもどんな旅路も、始まりはわが家から。家での暮らしがきちんとしていれば、あとは自然とうまく行くもの。

誰も見ていないところでも、大勢の人に囲まれているときも、凛とした態度や振る舞いを心がけよう。それが、わたしたちの目指す生き方だから。

家でもどこでも、凛とした素敵な自分でいるにはどうすればよいか、考えていこう。

家はすべての始まり

すっきりと片付いた家に住んでこそ、凛とした魅力が備わるもの。散らかり放題でゴミだらけの家に住んでいたら、ストレスがたまってしまう。無秩序で混乱した生活を送っているしるしだ。

他人の目にふれることのない家庭生活においてこそ、凛とした態度や振る舞いを心がけるべき。家庭でしっかりとした基盤を築き、日ごろから練習を積んでこそ、外の世界でもきちんと振る舞うことができるから。家をいつもきちんと片付けておくことは、よい自己鍛錬になる。自己鍛錬を行ってこそ人格が磨かれる。そして人格を磨いてこそ、凛とした魅力を身につけることができるのだ。

服と同じで、わたしたちはつい持ち物をためこんでしまう。古くてくたびれたものや、ほかの持ち物と合わないもの、好きではないものまで、なんとなく捨てずに取っておく。たとえば、大学生のときにもらったフクロウのランプや、ひびの入った緑色のフルーツボウル。ガレージセールで買った古ぼけたトランク。庭先の枯れた蘭の鉢や、ガタがきている写真立てなど。そういうものをすべて処分したら、どれだけすっきりときれいに片付くことか。

壊れているものは捨て、まだ使えるものは誰かに使ってもらおう。家に置くものは、状態がよく、家の全体的なスタイルに調和し、ちゃんと使えるものだけにする。物がたくさんありすぎて家じゅうが乱雑な感じにならないよう、家具や持ち物はなるべく減らして、すっきりと暮らしたい。

各部屋を見て回り、処分すべきものをしっかりと見きわめよう。もう使っていない子どもの椅子や、ペアのキャンドルスタンドの片割れ（もうひとつあるはずなのに、ずっと見つからない）、野暮ったいデザインで、見るたびに嫌になる目覚まし時計――そういうものは、どれも処分していいはず。

最初のうちは、物を捨てるのを躊躇《ちゅうちょ》するかもしれない。全然使っていない不格好な花びんを捨てるのでさえ、なんとなく抵抗があるかもしれない。でも要らないものを捨てていくうちに、だんだん弾みがついていく。そう、その調子でやってしまおう！ 要らない物が全部なくなると、どれだけ部屋がすっきりと片付いて見えるかを実感して、うれしくなってしまうはずだ。

家が散らかっている状態と、すっきりと片付いた状態では、わたしたちの生活態度もおのずと変わってくる。散らかり物がなくなると、凛とした態度や振る舞いで生活するための基盤ができる。

だらしない部屋は行動にも影響する

リビングによけいなものがごちゃごちゃ置いてあると、無意識のうちに、行動や服装にも影響が出てくる。ちゃんとしたパジャマがあっても、無頓着になってしまい、くたびれたスウェットで過ごすようになる。投げやりな気分になって、姿勢もだらしなくなる。どこもかしこも散らかり放題で、とても片付ける気になれない。

そんな状態で、「きちんとした装いをしよう、立ち居振る舞いは美しく」なんて思えるだろうか？　だらしない生活をしているのに、外でいくら格好をつけて気取ってみても、自分自身はだませないはず。

けれども、励みになる情報がある。凜とした態度や振る舞いは、どんな場所に住んでいようと、どんな状況だろうと、自分しだいで心がけることができるということ。

たとえば、だらしないルームメイトと暮らしている場合。だらしないのはその人の問題で、あなたにはどうすることもできない。でも、ルームメイトがだらしないことは、あなた自身がきちんとした生活態度で暮らせない理由にはならない。

あるいは、あなたには3人の子どもがいるとする。家じゅうにミニカーや宇宙船やお人形が転がっていて、うんざりしてくる。カーペットにこびりついたどろんこの足あとを落としたり、大量のおもちゃを片付けたり、四六時中、掃除やあと片付けに追われているのに、凜とした態度や振る舞いなんて、いったい何の役に立つの？

あとで詳しく説明するけれど、大変なときほど、凜とした態度や振る舞いを心がけることが、とても重要なのだ。

整理整頓に時間を割く

整理整頓には2段階で時間を割く必要がある。第1段階では、週末にまとまった時間を割いて（終わらなければつぎの週末も使って）、大きなものからこまごましたものまで、不要なものを処分し、整理整頓を習慣にするための下準備を整える。

第2段階では、家をいつもすっきりと片付けておくために、要るものは決まった場所に収納し、要らないものは捨てる。第2段階には終わりがなく、日ごろから習慣としてこまめに行うしかない。

もしあなた以外の家族は片付けが苦手で、散らかっているのが平気だとしても、あきらめずに整理整頓を続けよう。子どもがいる場合は、あなたのきれい好きはきっとよい影響を与えるはず。子どもたちはあなたのきちんとした生活態度を見習うようになる。

散らかりやすい場所は、こまめに片付けるのを習慣にしよう。たとえば、受信したメールはすぐに処理し、適宜フォルダに振り分ける。朝食で使ったものはいつまでもテーブルに置いておかず、すぐに片付ける。汚れた服は床に脱ぎ散らかしたり、洗面所の棚に置きっぱなしにしたりせず、ランドリーボックスに入れる。

そのつど片付けていたら時間がかかると思うかもしれないけれど、そうすることで、いつもすっきりと片付いた、気持ちのよい家にすることができる。

子どものころに整理整頓のお手本を示してくれる人が身近にいなかったとしても、今からでも遅くはない。整理整頓の習慣を身につけて、生活を変えよう。悪い習慣を直せば、すっきりと片付いた家で気持ちよく暮らすことができる。

そのためにも、収納のしかたを見直してみよう。メイク用品やヘアケア用品など、こまごまとしたものをどのように収納しているだろうか？　なにもかも一緒くたに引き出しのなかに入っている？　それとも収納用品などを使って、きちんとしまってある？　ドライヤーを出そうとしたら、ヘアアイロンやブラシ類がコードに引っかかって、床に落ちてきたりしないだろうか？

もしそんな状態なら、引き出しの中身を全部出して見てみよう。おそらく全然使っていないものや要らないものが、たくさん入っているはず。とくに洗面所のキャビネットは散らかりがち。ほとんど空っぽのボトルや、無料サンプル、ほこりだらけのキャンドルなどは、きれいさっぱり片付けよう。めったに使わない物も、できるだけ処分したほうがいい。

よい地域づくりに貢献する

よき隣人とは、決して垣根を乗り越えず、
垣根越しにほほえんでくれる人。

——アーサー・ベーア

誰でも環境のよいところに住みたいと思っている。近所にはきちんとした素敵な人たちが住んでいてほしいと願っている。

それにはまず、自分たちから始めよう。わたしたちがよき住民、よき隣人であるように努力すれば、地域のレベルが向上し、ほかの人たちの刺激となって、よりいっそう効果が表れるかもしれない。

よい地域づくりに貢献するには、いくつかコツがある。

＊家の前はきちんと片付けておく

借家でも持ち家でも、庭を荒れ放題にしないこと。庭がある場合は、いつもきれいにしておこう。玄関前のポーチしかない場合、あるいはマンションやアパート住まいでも、玄関周りに物をごちゃごちゃ置かないように気をつけよう。ゴミや不要なものはすみやかに捨てること。

＊騒音に注意する

自宅でにぎやかにパーティーをするときは、隣近所の人に前もってひとこと知らせておけば安心。でも、真夜中すぎまで騒がずに、まともな時間にお開きにしよう——

くれぐれも、警官に注意されたりしないように。

集合住宅に住んでいる場合は、夜遅くに大きな音で音楽をかけないこと。下の階に住民がいる場合は、足音にも注意が必要。子どもがしょっちゅう跳びはねたりしないように気をつけよう。

＊照明に気を遣う

外にスポットライトがある場合は、真夜中に照明が隣家の寝室の邪魔にならないように注意する。

＊犬にムダ吠えをさせない

飼い犬がよく吠える場合は、自分たちが見ていないときは犬を庭に出さないように注意。ムダ吠えをさせて近所迷惑にならないように気をつけよう。

＊問題は本人に直接話す

なにか問題がある場合は、本人に直接話すのがいちばん。

以前、わが家の隣の家の人が、午前2時ごろによく書斎の電気をつけた。その明かりがわが家の寝室の窓に洩れて、わたしは目が覚めてしまうので困っていた。

遮光用のブラインドでも取り付けるしかないかしら、と思っていたところ、たまたま隣の家の女性が犬の散歩をしているところに出くわした。それで、「お宅の明かりが夜中にまぶしくて困っているので、書斎のブラインドは下げるだけでなく、完全に閉じてもらえませんか?」と頼んでみた。

すると、「まあ、気づかなかったわ、ごめんなさい! さっそくそうします」と言ってくれた。わたしは快く承知してくれたことに感謝を述べた。隣の人は言葉どおり、さっそく実行してくれて、問題は解決した。

*近所の人たちと知り合いになる

新しい人たちが近所に引っ越してきたら、手作りのクッキーか庭の木からもいだ果物でも持って、歓迎のあいさつに出向こう。たまには近所の人を自宅に招いてお茶を飲むのもいい。近所の人たちと仲よくしておけば、和やかな雰囲気が生まれるし、地域の絆が強まる。

Chic Tips バッグや車の中もきちんとしておく

セレブ御用達のパーティー・プランナー、コリン・コーウィーは、著書『シック（Chic）』（未邦訳）のなかで、スタッフを雇うときは、面接の際にその人のバッグのなかを覗くか（もちろん、遠くから！）、その人の車が停めてある場所まで見送りに行って、車のなかをちらっと覗くことにしているという。そうすると、その人の部屋の散らかり具合がだいたいわかるらしい。

もし車の中にハンバーガーの包み紙や、タバコの吸い殻や、脱いだ靴下や、書類などが散乱しているようなら、かなりだらしない人だとわかる。

凛とした魅力のある人は、家だけでなくバッグや車の中など、隅々まで整理が行き届いている。

職場でも凛とした態度でチャンスをつかむ

職場でも凛とした態度で振る舞うことは重要。どれくらい出世し、昇進するか。どれくらい顧客やクライアントを獲得できるかは、すべてあなたしだい！（とはいえ、気負わずに）

どんな業種でも、たとえあなたが組織のトップでも、あるいは郵便物の仕分け係でも、凛とした魅力は大切な財産。職場で注目され、大きなチャンスをつかむことになる。心がけるべき注意点は多いけれど、あせらずに取り組もう。

＊つねに誠実に、品位をもって

職場でもっとも大切なのは、誠実さ。同僚にも、クライアントにも、顧客にも、あなたのことは信用できる、あなたに任せておけば安心だ、と思ってもらえるように。

タイムカードを押すときも、仕事の面接でこれまでの業績について語るときも、つねに正直に振る舞おう。

＊第一印象が大切

相手が新しいクライアントでも、新任の地域担当マネージャーでも、初めて紹介されたときは立ち上がってあいさつしよう。しっかりと握手を交わし、相手の目をよく見てにっこりと笑うこと。

＊相手の話をよく聞く

たとえば業績評価のとき、上司からもう少し進歩すべき点を指摘されたとする。それを聞いたあなたは、プライドが傷つけられたような感じがして、しゃくにさわったり、むきになったり、動揺したりしてしまいそうになる。

それでも、とりあえずプライドの問題は置いておき、上司の言っていることに真剣に耳を傾けよう。そして、自分に正直になって考えてみよう。上司の言っていることは的を射ているだろうか？　上司の話をしっかりと聞いている態度を見せ、進歩したいと思っている姿勢を示そう。

クライアントも、顧客も、同僚も、上司も、人はみんな話をちゃんと聞いてほしいと願っている。職場でつねに相手の話をよく聞けば、あなたはよきチームプレイヤーであることを周囲に示すことができる。そんなあなたは、周りの人たちに一目置かれる存在となり、意見を求められるようになるはず。

＊しゃきっとしよう

どんなに疲れていても、月曜の朝のミーティングがどんなに長くて退屈でも、気合いを入れて、背筋を伸ばし、しゃきっとしよう。元気を出して、チームの生産性を向上させよう。あなたの情熱は周りの人たちに伝染する。真のリーダーは情熱的でエネルギッシュ。やる気のなさそうな人はいない。

＊職場にふさわしい服装を

職場では慎重に、コンサバな服装を心がけたほうがよい。ミニ丈や胸の谷間が見えるものなど、露出度の高い服装は避けること。あなたの現在の職種より、むしろあなたが目指している職種に合わせた服装を心がけよう。

いつもきちんとした装いを心がけること。第一印象はとても重要で、人は言葉を交わすまえに、顔を合わせた直後の数秒間の印象で、あなたのことを判断する。自分らしさが相手に正しく伝わるように、職場にふさわしい服装や外見を心がけよう。

＊タトゥーやボディピアスは見えないように

保守的な環境で働いている人は、タトゥーやボディピアスは人から見えないように注意しよう。好むと好まざるとにかかわらず、周りの人たちに偏見を持たれてしまうから。そのせいで就職や、昇進や、新規顧客の獲得のチャンスを失ってしまったら、もったいない。

＊誰に対しても親切に、礼儀正しく

相手がビルの管理人さんでもCEOでも、同じように親切に礼儀正しく振る舞おう。それは仕事で成功するためでなく、職場のすべての人に敬意を表すため。誰に対しても同じように敬意をもって接することは、チームにとってよい環境づくりに役立つ。

職場では、誰もがそれぞれのやり方で組織に貢献しており、誰もが重要だ。

＊そつのない対応を心がける

人に指をさすのは攻撃的な感じがするので避けること。よく考えてから口を開こう。

人事部や顧客サービス部門で働いている人は、激怒している人と接することが多いかもしれない。相手がどんなに怒っていて、延々と苦情を聞かされても、落ち着いて、凛とした態度を保とう。言い返したくなっても、唇をかんでぐっとこらえよう。

同僚たちの争いごとの仲裁をするときは、そつのない対応を心がけ、どちらの話もちゃんと聞いていることを態度で示そう。嵐に巻き込まれても、あなたは冷静でいること。

＊言葉遣いに気をつける

同僚たちといくら打ち解けた間柄でも、どこで上司や顧客が聞いているかわからないのだから、言葉遣いには気をつけよう。まちがっても、汚い言葉を遣わないように注意する。

わたしは以前、飛行機で男性客室乗務員がFワードを遣ったのを聞いてしまったことがある。こちらもショックだったけれど、本人はとても恥ずかしかったにちがいない。

＊共有スペースはきれいに使う

給湯室などの共有スペースを使ったあとは、きれいにしよう。自分のものではない食べ物には手をつけないこと。休憩中の人たちの邪魔になるので、携帯電話が鳴っても、共有スペースでの通話は控えよう。

＊デスク周りの整理整頓を心がける

デスク周りがきれいなことは、仕事へのやる気や敬意の表れ。パーテーションで区切ったただけのデスクスペースでも、眺めのいい、大きな角部屋の個室を与えられたつもりで、いつもきれいにしよう。

＊会議には絶対に遅刻しない

会議室に駆け込んで、12人の役員たちににらまれないように。

＊うわさ話は禁物

みんながオフィスのうわさ話に花を咲かせていたら、「本人のいないところでそんなことを言うのは、よくないいんじゃない？」と指摘するか、黙ってその場を離れよう。

＊過ちは素直に認める

過ちを認めるのは、とても勇気が要ること。でも自分から正直に話すことで、失敗によるダメージの多くは回復できるはず。

＊接待のときは調子に乗らない

ロブスターやシャンパンがいくらおいしそうでも、会食に招いてくれた相手に配慮して、節度をもって注文しよう。

＊つねにあなたらしく

最初の面接のときも、入社してからも、あなたらしく振る舞おう。あなたがいまの仕事を手に入れたのには、ちゃんとした理由がある。あなたは会社の人たちに気に入られ、みんなとうまくやっていけると認められたのだ！

憧れの仕事ではなかったとしても、凛とした態度で最善を尽くして努力し、周囲の期待を上回る働きをしよう。思いがけず、素晴らしい展開が待っているかもしれない。

デートでも凛とした態度で魅了する

凛とした魅力あふれる独身女性のみなさんに、朗報！　いつも凛とした態度や振る舞いを心がけていると、同じような価値観の男性を惹きつけることができるのだ。

あなたの美しい装いや、優雅な振る舞い、品のよさは、どこでも人びとの目にとまる。とくに、そういうことを大切だと思っている人たちの目には、とても魅力的に映る。礼儀作法をわきまえ、気品に満ちたあなたは、高嶺《たかね》の花――あなたにふさわしくない男性たちを、自然と退《しりぞ》ける。

多くの女性が望んでいるのは、自分に対して誠実に向き合ってくれる、正直で心優しい男性。わたしたちは、同じ価値観で人生の〝同じページ〟をともに生きていくパートナーを求めている。

男女が付き合っているあいだは、「最高の自分」を見せ合っていると言われる。結婚して新婚生活が終わるころになって、ようやく「本当の姿」が見えてくるとも言う。でも、あなたは付き合っているあいだも「本当の姿」を見せているはず——だって、あなたは素敵な、凛とした魅力のあるエレガントな女性なのだから！

わたしは恋愛のエキスパートではないけれど、素晴らしい男性とめぐり逢い、幸せな結婚をして10年になる。凛とした女性として男性とお付き合いをするための心得を、いくつかご紹介したい。

＊いつも本当の自分を見せること。男性の気を引くために、隠しごとをしたり、自分らしくない振る舞いをしたりしない。

＊魅力的かつ上品な装いをすること。自分らしくおしゃれな服を着よう。彼の目を惹きつけたくても、胸の谷間ばかり見つめられたら困るはず。そういう服装は避けること。あなたの知性とナチュラルな美しさがあればじゅうぶん！

＊好きな本や映画、旅行したいところなど、興味を持っていることを話して、ふたりの共

通した趣味を見つけよう。

＊あなたがしたくないことは、無理にしないこと。

＊彼がごちそうしたいと言うなら、喜んでごちそうになろう。そのかわり、つぎの週にランチをごちそうしたり、手料理をふるまったりするのを忘れずに。

＊最初のデートでは、ミステリアスな雰囲気を大切に。これまで付き合った人たちのことを話したり、前の彼にふられた理由を打ち明けたりしないこと。いつかは話すことになるかもしれないけれど、最初のデートはもっと気楽に。

＊最初のころは緊張するものだけど、酔っぱらってはダメ！　はめを外さないように、自分の限界を超えて飲みすぎないように注意すること。

＊ネットやメールで感情的にならないこと。新しい恋人のことをSNSに投稿したくなっても、分別をわきまえて。

＊いまの時間を大切にすること。ごちそうを味わうようにロマンスを味わって、どんな未来が待っているか楽しみにしよう。とにかくあせらないこと。ふたりにとって、魔法のようなかけがえのない時間だから。

＊彼のことが本当に好きなら、素直に伝えよう。愚かな駆け引きなんて要らない。あなたは最高の女性なのだから、自信をもって。あなたのような凜とした魅力にあふれた女性をつかまえた彼は、自分はなんて幸運なんだろうと思うはず！

郷に入れば郷に従え

外国旅行をするときは、事前にその国のマナーや慣習について調べておこう。そうすれば、滞在中に不作法なまねをしなくてすむ。それでも失礼なことをしてしまう可能性はあるけれど、調べておけば少しは役に立つはず。

というのも、わたし自身の経験からそう思うのだ。これまで多くの旅行で数えきれないほどの失敗をしたのは、たんにその国のマナーを知らなかったから。

たとえば、スリランカの寺院を訪ねたときは、タンクトップでむきだしになっていた肩を隠すために、ショールを借りねばならなかった。

フランスでは、食事中に手をテーブルの下に隠すのは失礼に当たり、食事中は両手をずっとテーブルの上に置いておかなければならないことも、知らなかった。

イギリス人である夫の家族と郊外の別荘に初めて出かけたとき、わたしはカリフォルニアでいつもやっているとおり、到着してすぐに靴を脱いでしまったのだけど、ふと気がつけば、裸足で歩きまわっているのはわたしだけで、とても気まずかった。

また、スペインのドラッグストアでは、棚に手を伸ばして商品を取ろうとして、注意されてしまった。商品はお店の人が取ってくれるらしい。

こんなふうに、知らないことはいくらでもある！　いちばん大事なことは、注意されても気を悪くしないこと。外国を旅行するときは、その国の作法や決まりを守る必要がある。たとえ抵抗を覚えるようなことがあっても、その場はきちんと従って、自分の国に生まれたことを感謝しよう。

あわただしくてマナーを忘れがちな世の中だからこそ、あなたの凛とした態度や振る舞いが必要とされている。周囲に流されず、信念をもって振る舞おう。

Chapter 10

顔がきれいなだけではダメ！

わたしたちはこれまで、美しく装い、姿勢を正し、丁寧な言葉遣いで人と接することを学んできた。洗練されたテーブルマナーを身につけ、凛とした魅力のある女性にふさわしく、家をすっきりと片付けておく方法も学んだ。いよいよ、さらにもうひと段階進むとき。

わたしたちが目指しているのは、ただ顔がきれいで、おしゃれな女性ではない。マナーがよくて、立ち居振る舞いが美しくても、いつも家をきれいに片付け、毎日の食事をおいしくいただいても、それだけではじゅうぶんとは言えない。

内面のシックな魅力を開花させるには、知性を磨き、物事に対する考え方を変え、周りの人の役に立つ必要がある。

知性を磨く

社会の知的レベルの低さに染まらないでいるのは難しい。その原因はポピュラーカルチャーだ。テレビのくだらないリアリティ番組に出てくるのは、人生で大切なことの優先順位をまちがえている軽薄な男女ばかり。どのチャンネルを見ても、怒鳴り声が聞こえてくる。流行りの映画は下品なユーモアや、ロボットの爆発シーンでいっぱい。ポピュラー音楽の歌詞は、スラム街並みに乱暴でひどい言葉にあふれている。エンタメのニュースは有名人たちの才能ではなく、奇行ばかりを取り上げて大騒ぎ。

こんな調子だから気をつけないと、いつのまにかくだらないカルチャーに影響されてしまう。わたし自身、注意が必要だ。

知性を磨くことは、観るものや聴くものを選ぶことから始まる。みんながうわさしている夏の大ヒット映画を観るのもかまわないけれど、インディペンデント系の映画館を探して、評判のよい外国映画を観るのも忘れないようにしたい。リアリティ番組はもう二度と観てはいけないわけではないけれど、もっとためになる番組も積極的に観ること。そして、ひどい歌詞ではなく、美しい歌詞のポップミュージックを探そう——世の中には、注目すべき素晴らしいアーティストも数多く存在するから。

学生のころは、大好きなミュージシャンや、アーティストや、作家などがいた人も、社会人になって仕事に追われたり、結婚して住宅ローンを抱え、子育てに追われたりするなかで、昔のような情熱はすっかり忘れていたかもしれない。

まずは、なにか新しいことに興味をもってみよう。アートや政治、歴史、あるいは近代の英米文学でもいい。編み物や楽器の演奏など習い事を始めたり、久しぶりにフランス語を学び直したり、以前からずっと読みたいと思っていたディケンズの小説を読んだり、地元のシェイクスピア・フェスティバルに参加したり、伝記を読んで背景知識を深めながら、ショパンの音楽に親しんでみたり。

そういうことが、あなたにシックで凜とした魅力をもたらす。あなた自身や周りの人たちのために、暮らしのあらゆる面に磨きをかけよう。そうすれば、つぎのパーティーではきっと話題に事欠かないはず。あなたの話を聞いた人は、「面白そう！」とたちまち興味を惹かれるだろう。周りの人たちは、好きなことに興味をもって輝いているあなたの姿を見て、自分もかつて、好きなことに夢中で取り組んでいたことを思い出すかもしれない。

なにかに興味をもっている若い人たちは、熱心に学ぶ姿勢をいつまでも忘れないようにしよう。とにかく興味をもって取り組める分野を見つけて、深く掘り下げていくことが大切。興味をどこまでも追究し、貪欲に学ぼう。ロシア建築でも、ピアノの練習でもいい。好きなミュージシャンを応援して、どんなに素晴らしいと思っているかを伝えるのも素敵なこと。

そうやって知性を磨きながら、凜とした魅力を身につけていくあなたの顔には、美しさだけでなく聡明さがにじみ出ている。

格調の高い映画

＊『ふしぎの国のアリス』(1951年)
ディズニーの長編アニメーション映画。アリスは白うさぎを追いかけながら、お花たちに馬鹿にされても、礼儀正しく、凛とした態度を失わず、ハートの女王を知恵で出し抜く。

＊『マイ・フェア・レディ』(1964年)
イライザ・ドゥーリトルのレディへの華麗な変身は、人は出身や階級に関係なく、凛とした魅力を身につけられることを示している。

＊『恋の手ほどき』(1958年)
典型的な成長の物語。手に負えないほどおてんばな少女が、淑女へと変身するようすを描く。

＊『トップ・ハット』(1935年)
すれちがいのラブコメディ。フレッド・アステアとジンジャー・ロジャースのダンスが、うっとりするほど優美。その凛とした魅力の素晴らしさに、刺激を受けずにはいられない。

＊『泥棒成金』(1955年)
ヒッチコック監督のサスペンススリラー映画。かつて「猫」と呼ばれた元宝石泥棒が、改心して気品のある紳士に。舞台はイタリアの高級リゾート地リヴィエラ。グレース・ケリーとケーリー・グラントがこの上なくエレガントで、まさに凛とした魅力を体現している。

格調の高いテレビ番組

＊『ジェシカおばさんの事件簿』
わたしのようなミステリーファンにはたまらないテレビ番組。主人公のジェシカ・フレッチャーは、きちんとした装いに身を包んだ素敵な女性。さまざまな危険を乗り越えながら、知性と気品を武器に、難解な事件をつぎつぎと見事に解決する。

＊『ダウントン・アビー』
世界的人気を誇るイギリスのテレビドラマシリーズ。貴族たちも使用人たちも、凜とした魅力にあふれている。ぜひお勧めしたい。

＊『アイ・ラブ・ルーシー』
1950年代のテレビドラマで、現在でも根強い人気がある。ルーシー・リカードはトラブルを起こす名人だが、おしゃれで自分らしいスタイルを持っている女性。よくジョークのネタにされるけれど、気品がある。

＊『名探偵ポワロ』
名優デヴィッド・スーシェが、アガサ・クリスティ原作の有名な主人公エルキュール・ポワロを見事に演じている。クリスティが生きていたら、さぞかし誇らしく思ったにちがいない。このベルギー生まれの名探偵は奇癖もあるけれど、凜とした魅力の持ち主であることは、誰もが認めるところ。

＊『キーピング・アップ・アピアランシズ
(Keeping Up Appearances)』(日本未放映)

番組の主役であるヒヤシンス・バケットが、家族のだらしない生活態度を改めさせ、エレガントな魅力ある暮らしを目指すが、途中でさまざまな災難に見舞われる。テレビ史上の伝説的なコメディ番組。

＊『シダー・コーブ(Cedar Cove)』(日本未放映)
アンディ・マクダウエル演じる判事オリヴィア・ロックハートは、現代のエレガンスと凜とした魅力のお手本。

＊『マップ&ルチア(Mapp & Lucia)』(日本未放映)
イギリス上流中産階級の生活を描いたテレビドラマ。1985年版も2014年版も、マナーについてのクラシックコメディ。マップとルチアがの社交界で出世していくにしたがって、凜とした魅力が磨かれていくようすが楽しい。

どんなことにも誇りをもって

たとえいまの生活が、あなたの夢見る理想の暮らしではなくても、本当に凜とした魅力を身につけたいと思ったら、自分自身の物事に対する見方や考え方を変える必要がある。

どんなことをするときも、誇りをもってやろう。家で掃除や洗い物をするときも、アイロンがけをするときも、誇りをもって。オフィスで集計表のファイリングをするときも、閉店時間にすべり込んできたお客さんの相手をするときも、地域の春祭りでボランティアの仕事を引き受けるときも、誇りをもってやろう。どうせやるなら集中して、全力を尽くして取り組もう。

マダム・シックはどんなことをするときも、誇りをもっていた。マダムは自分の生活や役割について愚痴をこぼしたりしなかった。マダムがほかの人生を望んでいるようには、とても見えなかった。

たとえば、あなたの夢は映画の主演女優になること。いまは生活のためにウェイトレスの仕事をしているとしても、「ウェイトレスなんてくだらない」などと思う必要はない。大切なのは、感謝の気持ち。仕事が与えられたことに感謝し、誇りをもって、最善を尽くしてその仕事をしよう。どんな経験もムダにはならないのだから。

凛とした魅力のある人たちは、なにかで努力して成果を出せば、誰かの目に留まることをよくわかっている。優れた腕前が認められて、思ってもみなかったチャンスの扉が開かれるのだ。

スコット・シューマンによる、世界的に有名なファッション・スナップショットサイト「サルトリアリスト」(The Sartorialist) から、サンフランシスコで出会ったあるタクシー運転手のことを書いた、2009年の記事を紹介したい。

今回のブックツアー〔著者による各地でのサイン会や講演等の販促活動〕でいちばんうれしかった出会いのひとつは、サンフランシスコのあるタクシー運転手との出会いだった。

この写真を見ればわかるとおり、その男性はエレガントで、自信と品格にあふれ、仕事に誇りをもっていた。どんな職種でも、僕は自分の仕事に誇りをもっている人たちが大好きだ。

車はピカピカに磨かれ、靴も輝きを放っていた。スタイリッシュな装いに身を包んだこの運転手は、あらゆる裏道を知り尽くしていた。べつに僕のために特別なおしゃれをしていたわけじゃない。彼は僕の職業など知らないわけで、ただいつものように、客を乗せただけだ――彼ならではの洗練されたやり方で。

このときのことは、これまでに何度も話してきたし、最近刊行した本のイントロダクションにも書いた。このブログはファッションブログだけど、この写真を見るたびに僕が強く意識するのは、ファッションそのものではない。彼がファッションをとおして、誇りと自尊心を見事に表現していることだ。高価な服を自慢げに着るのではなく、センスのよい着こなしと、美しい姿勢と、礼節によって。この男性にこそ本物のスタイルがある。

ミスター・シューマンが出会ったこの男性が、ずっと運転手になりたかったのか、それともほかにやりたいことがあったのかはわからない。いずれにしても、この人は運転手の仕事に誇りをもって打ち込んでいた。その心意気が、外見や立ち居振る舞いにも表れていたのだ。

凛とした魅力のある人たちは、現実をしっかりと受けとめる。現実を否定したところで、どうにもならないからだ。1日の終わりに、洗い物が山のようにたまっていても、優しい妖精が目の前に現れて片付けてくれるわけじゃない。どうせやるなら不機嫌にならずに、誇りをもってやろう。どうせやるなら、自分なりのこだわりをもってやろう。

なにをするときも、ポジティブな態度でやってみること。そうすると、あまり気を散らさずに集中できるし、達成感が得られる。日々の生活のなかで、ささやかな喜びを味わうことができる。

思ったとおりにならないときは

期待しない者は幸い
決して失望することがない

——アレキサンダー・ポープ

あなたは完璧主義者？　物事が自分の思ったとおりにいかないと、ショックを受け、がっかりしてしまう？

凛とした態度や振る舞いを身につけるには、自分の思ったとおりにならないときも、心のなかで折り合いをつける必要がある。凛とした魅力のある人たちは、なにがあってもどんと構えている。思ったとおりにならないときは、物事に対する見方や考え方をあらため、「人生で起こることには、すべて意義がある」と思って受けとめよう。

あるとき、わたしはＴＥＤｘから講演依頼を受けた。ニューヨークで「10着のワードローブ」についてトークを行う気はないか、というのだ。このときほど興奮したことはなかった。夢だったTEDxトークへの出演が、とうとう実現するなんて！　わたしは「やります！」と即答した。そしてスケジュールが確定すると、まっさきにカリフォルニアからニューヨークへの飛行機と、マンハッタンのホテルを予約した。

インターネットでTEDトークの動画を片っ端から見ていくと、いやがうえにも期待は高まった。最新の舞台設備と音響効果の整ったステージに立っている自分の姿が目に浮かんだ。大きな会場のビロード張りの椅子には、大勢の観客がひしめいている。プレゼンテーションを行うわたしの背後には、「TEDx」のおしゃれなロゴが光り輝いている——。

トーク収録の前日、わたしはリハーサルに参加するために、マンハッタンのホテルからスタテン島へ向かった。会場に着いて、わたしは唖然とした。そこは、最新の舞台設備の整った劇場どころか、バーだったのだ。学生時代に誰もが行くような、ごくふつうのバー。フロアも壁も天井も真っ黒で、トイレの壁にはバンパーステッカーがべたべたと貼られ、ホールにはダーツのボードがかかっている、どこにでもありそうなバーだ。

わたしが想像していたステージとはまるでちがった。でも、ステージは小さいながらも設備はわりとよく、劇場用の照明があった。たぶん週末には、バンドの生演奏があるのだろう。舞台裏には控室として使える部屋もあった。なるほど。まあ、完璧とは言えないけれど、これならどうにかなりそう——わたしは否定的な考えは持たないようにして、リハーサルのなりゆきを見守ろうと思った。

ところが、リハーサルの時間になって1時間近くが過ぎても、イベントの主催者側から連絡がない。スピーカーたちは互いにあいさつをして言葉を交わしていたが、リハーサルのいい加減さに腹を立てている人たちもいた。わたしもだんだんイライラしてきた。こんなはずじゃなかったのに。思っていたのと全然ちがう。いったいどういうこと？　訊きたいことが山ほどあった。

主催者がようやく到着した。わたしはさっそくそのうちのひとりに声をかけ、矢継ぎ早に質問を浴びせた。いちばん知りたかったのは、翌日の本番のトークの順番だ。ところがそのスタッフに訊いても、ほとんどなにもわからなかった。しかたなく、その晩は釈然としないままホテルに戻った。明日が本番だというのに、わたしのトークは午前中なのか、午後遅い時間なのか、それすらわかっていなかったのだ。

ところが、結局、素晴らしいイベントになった。なにもかもギリギリだったけれど、最終的にはうまく行ったのだ。会場はあまりシックとは言えなかったけれど、何人ものスピーカーが素晴らしいトークを披露した。情熱的なアイデアを分かち合い、感動的なパフォーマンスを目にすることができた。このイベントにスピーカーとして参加できたことが、とても誇らしかった。

でもいちばん重要なことは、大きな教訓を得たこと――心のなかで折り合いをつけることの大切さを学んだことだった。理想的な状況ではなかったけれど、自分なりにこれまで最高のトークをすることができた。ステージは地味で小さかったけれど、そんなことは関係なかった。現実は、わたしが勝手に思い描いていた完璧なイメージとはかけ離れていたけれど、そんなことは結果的にはどうでもよかった。

大切なことは、あの日、わたしは心を込めてトークを行い、聴衆とつながって、かけがえのないひとときを過ごせたことだ。

だから、いまの状況は自分の理想とはほど遠いと思っても、周りの人たちがあ、な、た、の思いどおりにはならなくても、がっかりしないほうがいい。「なぜ自分はこの場にいるのか」「この状況からどんなことを学べるか」を考えてみよう。そして、物事に対する自分の見方や考え方を変えてみよう。

ちなみに、TEDが世界的な非営利団体なので、わたしはTEDxも同じように考えていたのだけど、TEDxはTEDのコンセプトを受け継ぎ、本部からライセンスを受けた、世界各地の市民のコミュニティ活動であり、そこに素晴らしさがあることを知った。

あの日、わたしは自分の完璧主義を手放すことを学んだ。そして、その場にいる人たちと励まし合い、ほかのスピーカーたちに惜しみない賛辞を贈って、鼓舞することの大切さを学んだ。

たとえ期待はずれの状況になっても、もうダメだと決めつけたり、あきらめたりするのはやめよう。みんなのために自分ができることを考え、積極的に行動しよう。

とにかく、自分勝手な期待や思い込みは捨てること。あなた自身の思惑《おもわく》とは関係なく、もっと本質的な部分で、しっかりと果たすべき務めがあるはず。そう考えれば、どんな経験もムダではなくなるだろう。

ほかの人の役に立つ

わたしたちはつい自分のことばかり考えてしまいがち。自分の欲しいものや必要なもの、自分が行きたい場所やしたいことで、頭が一杯になってしまう。

けれども凛とした魅力のある人は、他人を思いやることで、もっとも大きなやりがいや満足感を得られることを知っている。マダム・シックは、いつも教会のボランティアをしていた。それはマダムの生活に欠かせない一部となっていた。

コミュニティや組織の活動に参加して、人びとの役に立つことをしよう。世の中が少しでもよい場所になるように、自分の時間や労働力を提供しよう。行き詰まったときや、生活がマンネリ化してつまらないときは、外に出て人助けをしてみよう。自分がなにをしてもらえるかでなく、自分にはなにができるかを考える必要がある。どんなにささいなことでも、人の役に立つことで、あなたは大きなものの一部になれる。たとえば、自分が話したいことを聞いてもらうよりも相手の話を聞くほうが、心が満たされるし、もらうよりも与えるほうが、うれしく思えるはず。

積極的に周りの人たちの役に立つことをしよう。そうすることで、わたしたちは行き詰まった気持ちから解き放たれ、ほかの人の立場になって物事を見られるようになる。

凛とした魅力は、たんに美しい装いや立ち居振る舞いから生まれるものではない。知性を磨き、どんなことも誇りをもって行い、ほかの人の役に立つことで、人としての深みが増していく。そこに、本物の魅力が生まれるのだ。

つねに自分の内面を磨こうと努めていると、日々の暮らしで経験するできごとが、ますます意義深く感じられるはず。シックな魅力に磨きがかかり、その輝きが内面からにじみ出ている人は、最高に美しい。

Chapter 11

ものの見方を変えてみる

達観の境地に至ったと思ったら、
一週間、家族と過ごしてみるといい。
——ラム・ダス

心休まるわが家にいれば、試練が訪れることはめったになく、凛とした魅力のある自分でいられる。なんと言ってもわが家にいれば安心だし、自分たちのやり方で物事を進められる。

けれども同居していない家族や、同僚や、近所の人や、あるいは知らない人など、ほかの人たちが関わってきたらどうだろう？

ほかの人たちと関わるときは、相手にどんな態度を取られてもこちらは礼を失することなく、凛とした態度で接することができるよう、心の準備をしておく必要がある。言うは易《やす》く行うは難《かた》しだけれど、「凛とした態度で振る舞おう」と固く決心すれば、どんなことも可能になる。

つらいのは誰のせい？

フランスの哲学者・文学者、ジャン＝ポール・サルトルの『出口なし』という戯曲に、「地獄とは他人のことだ」という有名なセリフがある。

長いあいだ、わたしはまさにそのとおりだと思っていた。まったく、他人の考えていることはよくわからない。相手が夫であろうが、誰であろうが、他人と意見がぶつかると、わたしはいつも胸の中でつぶやいていた。「地獄とは他人のことだ！」

一瞬でも、そんな「地獄」みたいなつらい気持ちを味わっているのは、相手のせいだと思い込んでいた。

けれども、いまではサルトルの言う「地獄」とは、他人のことではないことがわかる。「地獄」は、わたしたちが自分の心のなかでつくり上げるもの。相手の言動や状況に対するこちらの見方や考え方のせいで、「地獄」が生み出されるのだ。そのことにはっきりと気づいてから、わたしの幸福感は他人の言動に左右されなくなった。

凜とした魅力のある人は、自分の言動に責任を持っている。自分が不幸なのは他人のせいだなどと考えない。ときには物事に対する見方を少し変えるだけで、気持ちががらっと変わることもある。

別の見方もある

誰かと一緒に、あるいは近くに住んでいると、どうしてもわずらわしいことが起きる。夫婦でも、ルームメイトでも、近所の人でも同じで、面倒は避けられない。ときには自分の子どもでさえ、腹が立つことをする。

お金の問題で夫と言い争いになったり、オフィスの冷蔵庫にわざわざ名前を書いて入れたおいたサンドウィッチを同僚に食べられてしまったり（またあの人！）。「お風呂の時間よ！」と呼んでいるのに、子どもたちは知らんぷり。そういう小さな苛立ちが澱《おり》のようにたまっていく。すぐにキレたりはしなくても、何度もそういうことが起こるうちに、ついに爆発してしまう。

「どう考えたって、こちらが正しいのに」と腹が立ってしかたないときは、「いまの状況を逆の立場から見たらどうなるか」と考えてみよう。そうすると、思いがけない効果が表れる。

まず、反射的に行動せずに、考えるようになる。自分の反応を振り返って、「問題を大げさに騒ぎ立てていないかな？」と確認することができる。状況がよく見えるようになり、最善策を取ることができる。

なにより重要なのは、気持ちが落ち着くこと。ことをむやみに荒立てず、落ち着いた気持ちで対処することは、わたしたちが目指している凛とした魅力の一部でもある。

ものの見方はあなどれない

しばらく前から、長女が毎朝、目を覚ましたとたんに泣き叫ぶようになった。たぶん、不満な気持ちをどうやって伝えていいかわからなくて、ただ泣いていたのだと思う。

朝の6時。まだみんなぐっすり眠っているのに、突然、子ども部屋から大きな泣き声が聞こえてくる。ようすを見に行き、落ち着かせてやるのはいつもわたしの役目なのだけど、毎朝そんな調子でたたき起こされると、正直、こちらのほうが泣きたくなってくる。みんなもう、うんざりしていた。

わたしは子ども用ベッドの端に腰を下ろして、いいかげん、どうにか言って聞かせなくては、と思っていた。そんなとき、ふと思いついたのだ。そうだ、物の見方を変えればいい。

「ねえ、もっといい方法があるわよ。朝、目がさめたら、楽しい気分になっちゃうの」

わたしがそう言うと、小さな娘の顔がぱっと輝いた（これが娘にとって、初めてのひらめきの瞬間だったかもしれない）。

「もっといい方法があるの？」

「そう」わたしはにっこりして答えた。

「目がさめたら、楽しい気分になっちゃうの。トイレに行きたかったら行ってもいいし、のどがかわいたら、そこに置いてあるお水を飲んでもいいし。お人形さんで遊びたかったら遊んでもいいし、ママとパパとお話ししたかったら、お部屋に来てもいいのよ。

それか、ベッドに寝たまま、きょうはどんな日になるかな、って考えるの。お友だちのことを考えてもいいね。お祈りをしてもいいし。楽しいことはいっぱいあるわよ！」

朝は楽しいことがいっぱいある——そう思えるようになったせいか、娘は朝の時間を楽しく過ごせるようになった。それ以来、朝早く目を覚まして泣き叫ぶことはなくなり、もっと遅くまで寝ているようになった。

まるで魔法みたい？　そうかもしれない。物事に対する見方を変えるのは、魔法のようなもの。まったく思いもよらなかった新しい世界が、突然、目の前に開けるのだ。

マナーに欠けた人と出会ったら

本書の考え方を取り入れてさっそく実践している人も、まだ始めたばかりの人も、本書を読み終えたあとは、たぶん周りの人たちの欠点が目につくようになるはず。それをマイナスにとらえるか、プラスにとらえるかは、あなたの見方しだいで決まる。

たとえば、がさつな人や無神経な人に対して、イライラしてしまうかもしれない。

子どもたちのクリスマスのお芝居を観に行ったら、ちょうどこれからあなたの子どもの出番なのに、自分の子どもの出番が終わった父兄たちが、大声でおしゃべりをしている。

職場に行けば、つかつかと歩み寄ってきた客が、「すみません」も言わずに、ぶしつけな態度で物を尋ねてくる。

そうかと思えば、マンションの隣の家の人は、吹き抜けの階段で毎朝のように顔を合わせるのに、あいさつも返さない。

通りを歩けば、パジャマみたいな格好の女性が郵便局に入っていくし、バスに乗れば、ぞっとするようなひどい言葉が書かれたTシャツを着ている男性がいて、「どうかしてるんじゃない？」と眉をひそめたくなる。

そういうときでも、「どうしようもない人たち」と頭から決めつけたり、「関わるだけムダ」と思って、ばっさり切り捨てたりしてはいけない。むしろ、そういう人たちに対してはとりわけ礼儀正しく、マナーをもって忍耐強く接しよう。

だからと言って、相手をつけ上がらせる必要はない。お芝居中におしゃべりがうるさい人たちには、遠慮なく「ちょっと静かにしてください」と言おう。隣の人があいさつすらしなくても、こちらはかまわずに「おはようございます」とあいさつしつづけよう。「まったくどうしようもない」と嘆くかわりに、こんな考え方もある。

あなたは必要とされている。あなたの光で彼らを照らしてあげよう。

彼らはあなたの振る舞いを見ている。

これは、あなたが凜とした態度や振る舞いのお手本を示すチャンスなのだ。

世の中には、よいお手本となる人に恵まれなかった人たちもたくさんいる。だから、ほかにどう振る舞うべきかを知らないのだ。あなたが率先して、お手本を示そう。

そうやって努力をしても、見返りはないかもしれない。あなたの行いや立ち居振る舞いが誰かに影響を与えたかどうかは、知りようがないことだから。でも、それでもかまわない、と考えよう。あなたの姿に刺激を受けて、「もっと丁寧な暮らしをしよう」「もっと毎日を有意義に過ごそう」と思った人が、どこかにひとりでもいれば、あなたはその人のためにおおいに役立ったことになる。

だから、マナーや礼節に欠けた人たちと居合わせたときは、マイナスにとらえずに、プラスにとらえよう。これは、あなたが周りの人によいお手本を示し、役に立つためのチャンスなのだ。いまの世の中、あなたのような存在はとりわけ必要とされている。

同じ志を持つ仲間を見つける

知恵ある者と共に歩けば知恵を得
愚か者と交われば災いに遭う。
――『箴言《しんげん》』13章20節

凜とした魅力を身につけていくうちに、友人との付き合いが変わってきたことに気づくことがある。あなたに対する友人たちの態度が変化したり、あるいは友人たちの姿を見て、以前は気づかなかったことに気づいたりするかもしれない。

でも、友人があなたと同じように凜とした態度や振る舞いを心がけていなくても、それだけの理由で付き合いを断つのはやめよう。あまり極端なことはしないほうがいい。

けれども、友人関係をあらためて見直してみるのはよいことだし、価値観や、人生で大切だと思うことや、情熱などを共有できる、新しい友人を作るのもいい考えだと思う。

あなたと共通の目標や興味を持つ友人ができれば、凜とした魅力を身につけ、磨いていくための道のりは、さらに喜びに満ちたものになるから。

わたしがブログ「The Daily Connoisseur」（「暮らしの達人」）を書いていていちばんうれしいことのひとつは、「洗練された暮らしをしたい」と心から願っている女性たちのコミュニティが形成されていること。多くの女性たちが、同じ考えや志を持っている仲間に出会えるのは、「The Daily Connoisseur」だけだと言っている。

あなたもぜひ、同じ考えや志を持っている仲間を探してみよう。いっぽうで、考え方や気が合わない友人たちについては、よほど目に余る行動をしていないかぎり大目に見たほうがいい。あなたの凛とした魅力が、そのうち影響を与えるかもしれない。友人としてのあなたの役割は、まさにそのためにあるのかも。

試練に見舞われたときは

パリで暮らし、刺激的な新しい世界を満喫していたときは、凛とした態度や振る舞いを心がけるのはたやすいことだった。素晴らしい環境に恵まれ、最高の時代を過ごしていたから！

憂いごとひとつなく、友人同士カフェでくつろいでいれば、自然と美しい姿勢を心がけ、思いやりを大切に、感謝の気持ちを忘れずにいられた。きょうはシャンゼリゼ大通りを歩こうか、チュイルリー公園を散歩しようか――そんなのんきな毎日では、エレガントに振る舞うのも簡単なことだった。面倒なことと言えば、毎日1〜2時間かかる宿題くらい。そんな生活では、いつも当たり前のようにポジティブな態度でいられた。

でもそれでは、大変なときはどうすればよいのだろう？　のんきな生活が終わって、現実の厳しい生活が始まったら？

ウェイトレスのアルバイトで7時間も立ちっぱなしで働いているのに、また失礼なお客さんに当たってしまった。

もうすぐ家賃の引き落とし日なのに、お金がない。どうしよう？

子育ての問題で、夫と意見が食い違ってばかりいる。

子どもが反抗期を迎えて手に負えない。

通勤に片道1時間。渋滞に巻き込まれてもううんざり――一刻も早く抜け出したい。

そういう大変なときに凜とした態度でいるのは、とても難しい。でも、そんなときこそ凜とした態度で振る舞うことが、いつにも増して重要なのだ。誰も見ていないときの振る舞いが、あなたの暮らしぶりを物語っているように、大変なときに凜とした態度で振る舞えるかどうかが、試金石となる。

困難な状況の真っ只中にいると、凜とした態度や振る舞いなんて、どうでもよくなってくる。そして実際に、そんなことにはかまっていられなくなる。

そうすると、夫とケンカしてひどいことを言ってしまう。

子どもに当たり散らして、怒鳴ってしまう。

帰宅途中に路上で大ゲンカをしてしまう。

そして、希望を見失ってしまう。

そんなさんざんな思いをしているときに、凛とした態度なんてなんの役に立つの？


あまりにもつらくて、凛とした態度なんてかなぐり捨ててしまいたくなったら——まずは落ち着いて、深呼吸をしよう。すぐにしゃべろうとしないで。そんなときは、沈黙が大きな効果をもたらす。歯を食いしばらずに、力を抜いて。頭を高く上げよう。

乗り越えられないような試練は訪れない。あなたには困難を乗り越えるだけの力があり、必ず乗り越えられる。よいことも悪いことも、永遠に続きはしない。重要なことは、あなたがどういう態度で試練を乗り越えるかなのだ。

たしかに、つらい状況も永遠には続かない。けれども凛とした魅力のある人は、どんな経験も決してムダにはならないことを知っている。

あなたもそう思って見方を変えてみると、どんな試練のなかにも希望の兆しがあることに気づくだろう。むしろ試練が与えられたことに、感謝の気持ちが湧いてくるかもしれない。試練を乗り越えたおかげで、自分が以前よりも強くなり、揺るぎない決意を抱いていることに気づくだろう。

うるさい人や面倒な人との出会いに感謝しよう。そのおかげで、あなたは自分の意見を主張することや、忍耐を学ぶことができるから。手に入らなかった仕事や、あなたを振った男性にも感謝しよう――そのおかげでもっといい仕事に、もっと素敵な相手に出会えるから！

そんなふうに、大変なときは物事に対する自分の見方や考え方を変えてみよう。目の前の困難をひとつずつ乗り越え、その経験からなにかを学ぼう。困難や試練を乗り越える経験が、あなたの人格を築き、凛とした魅力を磨き上げる。

だからと言って、そう思えば試練がラクに感じられるわけではない。途方もない試練が待ち受けているかもしれないけれど、それを乗り越えたあなたは、それまでのあなたよりもはるかにたくましく、強くなれる。

順調なときは感謝し、思いきり味わおう

さて、ようやく楽しいことについて考えよう。順調なときに凛とした態度や振る舞いを

心がけるのは、簡単なだけでなく、とても楽しいこと。いろいろなことが順調でうれしいひとときが、さらにうれしく感じられる。

みんなが仲よく暮らし、物事が思いどおりに運び、人生を謳歌しているとき――人生はこの上なく完璧で、胸いっぱいの幸せと充実感に満たされているとき。

あなたのプロジェクトが見事に選ばれた。

昇進した。

初めてのデート、夢のようだった！

もうすぐ大切な1周年の記念日がやってくる。

作文コンテストで1位になった。

助成金を獲得した。

子どもが庭で踊ったり、笑ったりしている。

そんなふうに幸せで順調なときにいちばん大切なことは、感謝の気持ちを忘れずに謙虚でいること。凜とした魅力のある人たちは、物事を当たり前とは思わない。そして、持っているものをこれ見よがしに自慢することもない。

物事が順調なときは、「いま、この瞬間」を思いきり味わおう。そんなときは思う存分、人生を楽しもう！　人生はつらいことばかりじゃない。それに、つらい状況と同じように、よい状況も永遠に続くわけではない。わたしたちの日々の暮らしや、人生や、人間関係は、絶えずめまぐるしく変わりゆく、川の流れのようなもの。だからこそ、幸せなときは心からそれを味わい、またいずれ試練のときが訪れることを覚悟しておいたほうがいい。状況が変わるたびに振り回されて、激しく一喜一憂し、物事が思いどおりに運んだときしか幸せになれないような人間にはなりたくない。凛とした魅力のある人たちは、人生は紆余曲折に満ちたものだと思い、覚悟を決めている。人生は素晴らしい冒険のようなもの。そして、正々堂々と挑戦すべきもの。なにがあろうと、すべてを受け入れよう。

凛とした生き方は始まったばかり!

本書もいよいよ終わりに近づいてきた。でも、凛とした魅力を磨くためのわたしたちの旅路は、これで終わりではない。それどころか、始まったばかりだ。

凛とした生き方を目指し始めたばかりの人も、経験豊富なベテランとして自信のある人も、毎日、朝起きたときから夜寝るときまで、つねに最高の自分であろうと努力すれば、大きな効果が表れるだろう。

つねに知性と技術を磨こう。いつも美しく装い、あわただしい毎日を、優雅に、エレガントに乗り切ろう。どんな人に出会っても、どんなことが起きても、品位を失わず、誠実に対処しよう。

立ち居振る舞いに気を配っているのは、家族のなかであなただけかもしれない。

汚い言葉を遣わないのは、仲間うちであなただけかもしれない。

毎日おしゃれをしているのは、近所であなただけかもしれない。

あなたは必死に努力しながら、孤独を味わうかもしれない。もしかしたら、時間のムダだと思うかもしれない。それでも、絶対にあきらめないで。

なぜなら、日々の暗闇を照らす光は、あなた自身だから。

誰かが心から待ち望んでいる変化をもたらすことができるのは、あなただけだから。

「わたしももっと素敵な人になりたい」周りの人をそんな気持ちにさせられるのは、あなただけだから。

希望を与えられるのは、あなただけだから。

誰もがあきらめそうになったとき、みんなはあなたの姿を見て、その生き方にふれ、魅了されてしまう。あなたの人生に対する情熱や、粘り強く努力する姿勢は、とても魅力的に映る。なぜなら、そんな人はめったにいないから。

あなたは完璧を目指しているわけではないし、これからも不完全なところがたくさんあるだろう。でも、あなたは最善を尽くして努力する。なぜなら、あなたのことを見ている人たちがいて、あなたは大きな影響を与えるから。

凛とした魅力を磨き続ける生き方は、この上なく美しい。困難な道のりだけれど、素晴らしい冒険が待っている。人生に退屈するなんて、ありえない。毎日のすべての瞬間がチャレンジなのだ。

ことあるごとに、あなたは選択を迫られるだろう。そういうときはよく考えて、たとえ困難でも、もっとも価値のあることを選ぼう。これからもきっと、あなたは多くの失敗を経験し、完璧にはなれないだろう。けれども、あなたは最高に充実した人生を生きることができる。それにはあなたの努力が大きく物を言う。

世の中のありさまを見て、失望してはいけない。かえってやる気を起こして、ますます強く輝いてほしい。あなたは必ず目立つ存在になる。慣れないうちは、落ち着かないかもしれない。周りの人に誤解されることもあるかもしれない。

けれども、あなたの影響を受ける人が必ずいる。それこそが大切なことなのだ。さあ、張り切ってがんばろう。凛とした魅力を身につけ、人生を変えよう。

なぜなら世の中を変えられるのは、あなたの生き方だから。

訳者あとがき

累計100万部超のベストセラーシリーズ、『フランス人は10着しか服を持たない』の第3弾をお届けします。本当に気に入ったものだけを持つシンプルな暮らしをしよう。自分らしいおしゃれを楽しみ、毎日のささやかな喜びを大切にしようと呼びかけ、世界各国の女性たちの大きな共感を呼んだ著者が、最新刊で打ち出すテーマは、「凛とした魅力のある女性になる」。

周囲に流されずに、自分らしく心おだやかに暮らしていくには、つねに凛とした態度や振る舞いを心がけることが重要だと著者は説きます。凛とした態度や振る舞いとは、どういうことでしょうか？　それは簡単に言えば、自分の選択や行動に責任を持つこと。そして、自分を大切にすることです。

身だしなみを整え、自分らしいおしゃれを楽しむのも、自分を大切にすること。過度なストレスや負担になることは、無理をして引き受けないことも、自分を大切にすることです。日本の女性にはとくに当てはまりそうですが、周囲との和を重んじる人や、責任感の強い人ほど、無理や我慢を重ねがちではないでしょうか。けれども、周囲の期待や要求に応えて無理を続けていれば、いずれ感情的に爆発したり、心身の健康を損なったりしかねません。

だったら、自分にとって過度な負担になりそうなことは、なるべく早く断ったほうがいい、と著者は言います（そのために、本書では「感じよくきっぱりと断る」ためのコツを紹介しているほどです！）。たしかに職場や家庭であれ、コミュニティであれ、「こうするしかない」「我慢するしかない」とひとりで問題を抱え込まずに、周囲に協力を求めてほかの方法を考え、状況を少しでも改善したほうが、結局はみんなにとって親切にちがいありません。

また、「凛とした魅力のある女性」は、後悔しない生き方をしている女性とも言えるでしょう。本当にやりたいことがあったら、たとえ困難な状況でも、「できない」という思い込みを捨て、どうにか実現をめざしてさまざまな方法を模索し、できるかぎり納得のいく選択を行う。そして、その結果には責任を持つ。著者のジェニファーさんは、まさにそのような魅力的な女性です。昨年の秋には、テレビ番組の収録のため、生後6カ月の赤ちゃんとふたりで2度目の来日を果たされるなど、驚くほど行動的でエネルギッシュな一面も垣間見ることができました。

自分を大切にすることは、周りの人を大切にすることにつながる。身だしなみを整え、装いに気を配り、姿勢を正し、きれいな言葉を遣う——それは自分を大切にすることでありながら、同時に周りの人や世の中に対して敬意を示すことでもあるという著者のメッセージは、マナーや礼儀が軽視されがちなこの時代に、多くの人びとの胸に響くのではないでしょうか。

最後に、英語表現の解釈についてアドバイスをいただいたアメリカのカルヴァン・チャンさんと、凛とした魅力にあふれた大和書房の鈴木萌さんに、心よりお礼申し上げます。

2017年4月

神崎朗子

［著者］ジェニファー・L・スコット　Jennifer L. Scott
南カリフォルニア大学卒業。大学3年生のときにフランスのソルボンヌ大学、パリ・アメリカ大学へ留学。典型的なカリフォルニアガールだったが、パリの由緒ある貴族の邸宅で暮らすことになり、マダム・シックに出会う。女性として、妻として、母としてのマダムの生き方に感銘を受け、シックなライフスタイルに目覚める。2008年よりライフスタイルブログ*The Daily Connoisseur*を執筆。アメリカの物質主義に踊らされる生活に異を唱え、美しく心豊かな暮らしやシックなおしゃれを提案。パリで学んだ素敵な暮らしの秘訣を紹介した連載記事が大反響を呼ぶ。それをもとに、各テーマをさらに掘り下げて1冊にまとめた『フランス人は10着しか服を持たない』は15カ国、『フランス人は10着しか服を持たない2』は11カ国で刊行され、いずれも日本でベストセラーに。本書は3作目となる。イギリス人の夫と3人の子どもとともに、カリフォルニア州ロサンゼルスに在住。毎年ヨーロッパに滞在し、つねに新たなインスピレーションを得て、シックなライフスタイルの秘訣を発信し続けている。
著者オフィシャルホームページ　http://jenniferlscott.com/

［訳者］神崎朗子　Akiko Kanzaki
翻訳家。上智大学文学部英文学科卒業。おもな訳書に『フランス人は10着しか服を持たない』『フランス人は10着しか服を持たない2』『スタンフォードの自分を変える教室』（以上、すべて大和書房）、『やり抜く力』（ダイヤモンド社）がある。

フランス人は10着しか服を持たない ファイナル・レッスン
「凜《りん》とした魅《み》力《りょく》」がすべてを変《か》える

2017年5月30日　第1刷発行

著者　ジェニファー・L・スコット
訳者　神崎朗子《かんざきあきこ》
発行者　佐藤靖
発行所　大和《だいわ》書房
東京都文京区関口1−33−4
電話　03−3203−4511
本文印刷　厚徳社
カバー印刷　歩プロセス
製本　ナショナル製本

ISBN 978-4-479-78387-9

http://www.daiwashobo.co.jp